Tratamiento de datos de una batería de tests, pruebas y cuestionarios de la valoración de la condición física, biológica y motivacional

Alejandro Pereira Ortega

Sandra Rodríguez Ramos

ic editorial

Tratamiento de datos de una batería de tests, pruebas y cuestionarios de la valoración de la condición física, biológica y motivacional

1ª Edición

Editado por: IC Editorial
c/ Cueva de Viera, 2, Local 3
Centro Negocios CADI
29200 Antequera (Málaga)
Teléfono: 952 70 60 04
Fax: 952 84 55 03
Correo electrónico: iceditorial@iceditorial.com
Internet: www.iceditorial.com

ISBN: 978-84-1184-373-7
Depósito Legal: MA 2210-2024

Impresión: PODiPrint
Impreso en Andalucía – España

Nota de la editorial: IC Editorial pertenece a Innovación y Cualificación S. L.

Presentación del manual

El **Certificado de Profesionalidad** es el instrumento de acreditación, en el ámbito de la Administración laboral, de las cualificaciones profesionales del Catálogo Nacional de Cualificaciones Profesionales adquiridas a través de procesos formativos o del proceso de reconocimiento de la experiencia laboral y de vías no formales de formación.

El elemento mínimo acreditable es la **Unidad de Competencia.** La suma de las acreditaciones de las unidades de competencia conforma la acreditación de la competencia general.

Una **Unidad de Competencia** se define como una agrupación de tareas productivas específica que realiza el profesional. Las diferentes unidades de competencia de un certificado de profesionalidad conforman la **Competencia General,** definiendo el conjunto de conocimientos y capacidades que permiten el ejercicio de una actividad profesional determinada.

Cada **Unidad de Competencia** lleva asociado un **Módulo Formativo,** donde se describe la formación necesaria para adquirir esa **Unidad de Competencia,** pudiendo dividirse en **Unidades Formativas.**

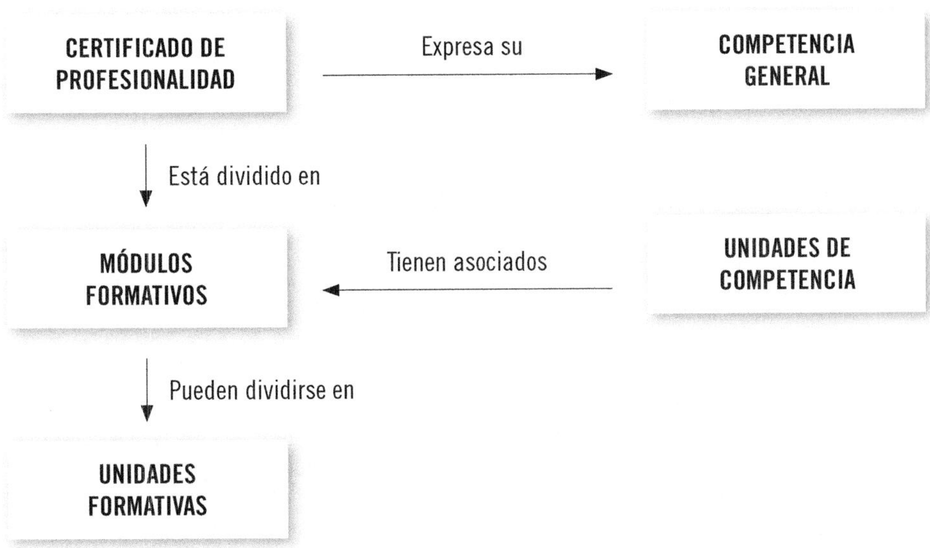

El presente manual desarrolla la Unidad Formativa **UF1704: Tratamiento de datos de una batería de tests, pruebas y cuestionarios de valoración de la condición física, biológica y motivacional,**

perteneciente al Módulo Formativo **MF0273_3: Valoración de las capacidades físicas,**

asociado a la unidad de competencia **UC0273_3: Determinar la condición física, biológica y motivacional del usuario,**

del Certificado de Profesionalidad **Acondicionamiento físico en sala de entrenamiento polivalente.**

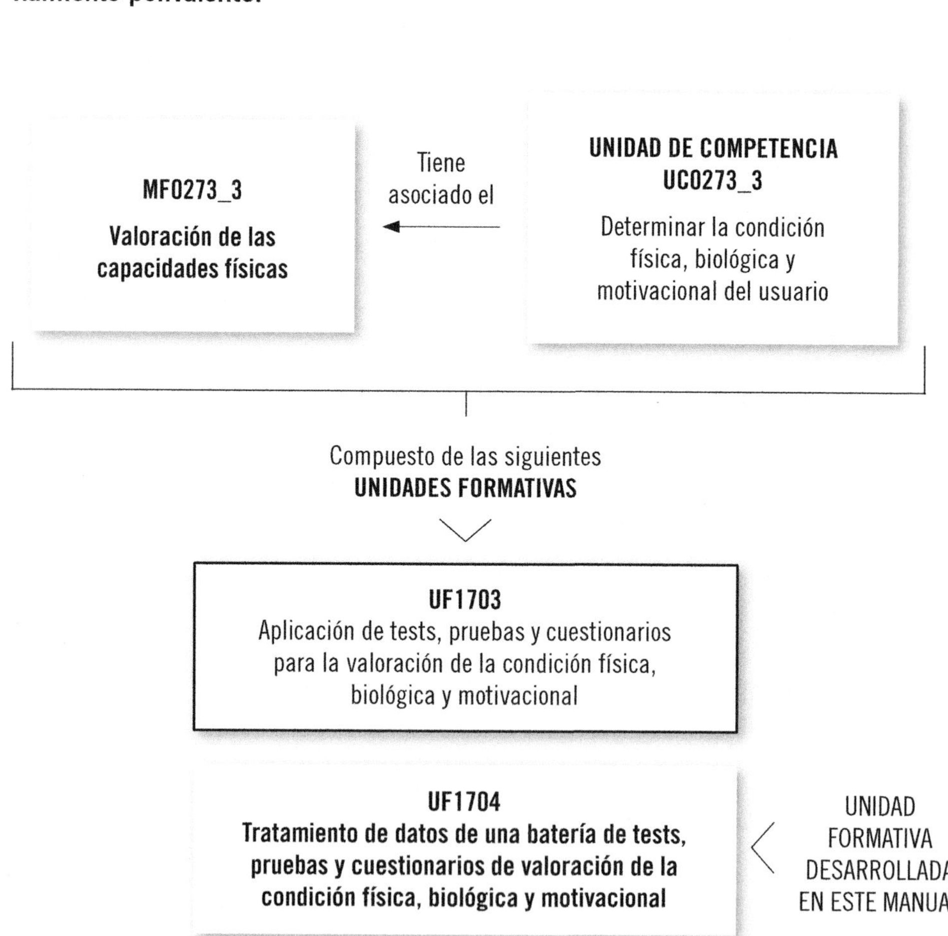

<table>
<tr><th colspan="4">FICHA DE CERTIFICADO DE PROFESIONALIDAD</th></tr>
<tr><th colspan="4">(AFDA0210) ACONDICIONAMIENTO FÍSICO EN SALA DE ENTRENAMIENTO POLIVALENTE (R. D. 1518/2011, de 31 de octubre)</th></tr>
<tr><td colspan="4">COMPETENCIA GENERAL: Programar, dirigir e instruir actividades de acondicionamiento físico, con los elementos propios de una Sala de Entrenamiento Polivalente (SEP) ya sean máquinas de musculación, máquinas cardiovasculares, barras, discos, halteras, aparatos o implementos simples, realizando la determinación inicial y periódica de la condición física, biológica y motivacional de los usuarios, con un nivel de calidad óptimo tanto en el proceso como en los resultados y siempre desde la observancia y promoción de la salud y el bienestar.</td></tr>
<tr><th>Cualificación profesional de referencia</th><th colspan="2">Unidades de competencia</th><th>Ocupaciones o puestos de trabajo relacionados:</th></tr>
<tr><td rowspan="4">AFD097_3 ACONDICIONAMIENTO FÍSICO EN SALA DE ENTRENAMIENTO POLIVALENTE

(R. D. 295/2004, de 20 de febrero, actualizado por R. D. 1087/2005, de 16 de septiembre; modificado por R. D. 1521/2007, de 16 de noviembre y actualizado por R. D. 146/2011, de 4 de febrero)</td><td>UC0273_3</td><td>Determinar la condición física, biológica y motivacional del usuario</td><td rowspan="4">• 3723.1031 Monitor/a de aparatos de gimnasio
• 3723.1086 Entrenador/a de acondicionamiento físico en las SEPs de gimnasios o polideportivos
• 3723.1086 Preparador/a Físico/a
• 3723.1086 Entrenador/a personal
• Promotor/a de actividades de acondicionamiento físico
• Animador/a de actividades de acondicionamiento físico
• Coordinador/a de actividades de "Fitness"
• 3723.1086 Técnico de apoyo en la preparación física de deportistas
• Instructor/a de las actividades anteriores para colectivos especiales</td></tr>
<tr><td>UC0274_3</td><td>Programar las actividades propias de una Sala de Entrenamiento Polivalente (SEP), atendiendo a criterios de promoción de la salud y el bienestar del usuario</td></tr>
<tr><td>UC0275_3</td><td>Instruir y dirigir actividades de acondicionamiento físico con equipamientos y materiales propios de Salas de Entrenamiento Polivalente (SEP)</td></tr>
<tr><td>UC0272_2</td><td>Asistir como primer interviniente en caso de accidente o situación de emergencia</td></tr>
</table>

Correspondencia con el Catálogo Modular de Formación Profesional		
Módulos certificado	Unidades formativas	Horas
MF0273_3: Valoración de las capacidades físicas	UF1703: Aplicación de tests, pruebas y cuestionarios para la valoración de la condición física, biológica y motivacional	90
	UF1704: Tratamiento de datos de una batería de tests, pruebas y cuestionarios de valoración de la condición física, biológica y motivacional	40
MF0274_3: Programación específica SEP	UF1710: Programación y coordinación de actividades de Fitness en una S.E.P.	30
	UF1711: Programas de entrenamiento en S.E.P	70
	UF1709: Eventos en Fitness seco y acuático	30
MF0275_3: Actividades de acondicionamiento físico	UF1712: Dominio técnico, instalaciones y seguridad en S.E.P	80
	UF1713: Dirección y dinamización de actividades de entrenamiento en S.E.P	90
	UF1709: Eventos en Fitness seco y acuático	30
MF0272_2: Primeros auxilios		40
MP0367: Módulo de prácticas profesionales no laborales		120

Índice

Capítulo 3

Tratamiento y registro de resultados en la aplicación de test, pruebas y cuestionarios en el ámbito del *fitness*

Capítulo 1

Funciones orgánicas y fatiga física en el ámbito del *fitness*

Contenido

1. Introducción

El hombre ha evolucionado a lo largo del tiempo gracias, en gran medida, a la capacidad del cuerpo humano para adaptarse al entorno. Su estructura organizada en diferentes aparatos y sistemas, combinada con la integración y complementación entre ellos, hace posible presentar una respuesta global a las demandas del medio.

En las etapas iniciales del ser humano la vida estaba marcada por la necesidad de sobrevivir haciendo uso de sus condiciones físicas, como en el caso de la caza, la carrera o el transporte de objetos pesados. Conforme avanzó el progreso, estas actividades se fueron reemplazando por otras como la agricultura o la ganadería hasta llegar a la actualidad, cuando el ejercicio físico responde a un concepto de salud, ocio o competición.

En este panorama, es necesario conocer cómo funciona el organismo y qué cuestiones son importantes a la hora de realizar actividades físicas, teniendo en cuenta también de qué forma puede influir el medio sobre ellas.

Los diferentes apartados se han enfocado a la descripción, a los mecanismos de funcionamiento y a su respuesta conjunta ante el ejercicio físico.

Por último, se explican las principales consecuencias del ejercicio, tales como la termorregulación, la fatiga, el equilibrio hídrico o la rehidratación, con el objetivo de que la programación y realización de actividades físicas no supongan un riesgo para la salud del participante.

2. Aparato locomotor: el sistema óseo, el sistema muscular, el sistema articular

El aparato locomotor permite al cuerpo humano realizar los movimientos y mantener la postura. Está compuesto principalmente por el sistema óseo, el sistema articular y el sistema muscular.

En la vida real los movimientos se realizan en muchos planos. El análisis del movimiento se efectúa a partir de una posición de referencia, con el sujeto en bipedestación, llamada **posición anatómica.** Dichos movimientos se estudian en diferentes planos anatómicos y ejes de movimiento:

- Los planos anatómicos son los siguientes:
  - **Plano frontal.** Divide el cuerpo en parte anterior y parte posterior. Comprende los movimientos de aducción (aproximación), abducción (separación) y flexión lateral.
  - **Plano sagital.** Divide el cuerpo en parte derecha y parte izquierda. Comprende los movimientos de flexión y extensión.
  - **Plano transversal.** Divide el cuerpo en parte superior y parte inferior. Comprende los movimientos de rotación.
- Los ejes de movimiento son perpendiculares a los planos anatómicos y sobre ellos se realizan los movimientos articulares. Estos ejes son:
  - Eje longitudinal. Perpendicular al plano transversal.
  - Eje transversal. Perpendicular al plano sagital.
  - Eje anteroposterior. Perpendicular al plano frontal.

Los planos anatómicos

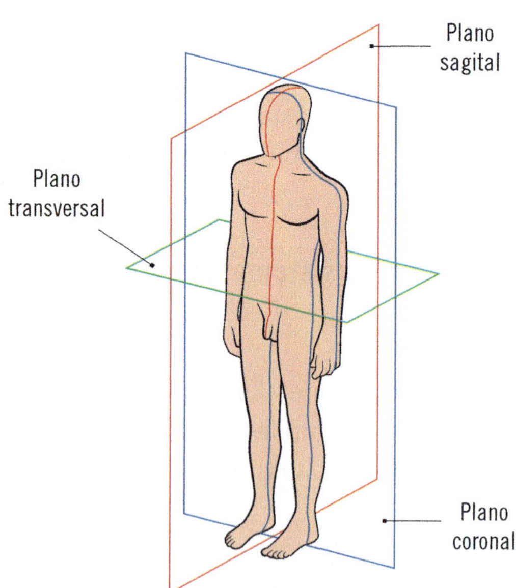

2.1. Sistema óseo

Los huesos presentan una estructura heterogénea cuya resistencia está determinada por líneas de fuerza llamadas **trabéculas óseas,** que constituyen la forma arquitectónica que llena el hueso esponjoso. Sus formas dependen de las tensiones a las que estén sometidos (presión, tracción o torsión).

Las principales funciones de los huesos son:

- Protección de las vísceras.
- Soporte de las estructuras del cuerpo humano.
- Base mecánica para los movimientos.
- Formación de células sanguíneas.
- Reserva mineral del organismo.

Se pueden clasificar en cuatro tipos:

- **Huesos largos.** Formados por una diáfisis (cilindro cubierto de una pared compacta de tejido óseo relleno de una combinación de tejido conectivo y grasa llamada médula amarilla o médula ósea) y dos epífisis (extremos formados por hueso esponjoso rodeado de tejido óseo compacto y cubierto por cartílago articular). Las epífisis y la diáfisis se unen por la metáfisis, que durante el crecimiento consiste en tejido cartilaginoso. El conjunto está envuelto por el periostio y endostio. Algunos ejemplos de huesos largos son: fémur, tibia, radio, etc.
- **Huesos cortos.** Más pequeños y con forma de cubo. Por ejemplo, huesos del tarso o del carpo.
- **Huesos planos.** Formados por dos caras. Por ejemplo, la escápula, coxal, etc.
- **Huesos sesamoideos.** Son los más pequeños y sirven de aumento del brazo de palanca y para reducir el rozamiento. Por ejemplo, sesamoideo del pulgar.

Los diferentes tipos de huesos

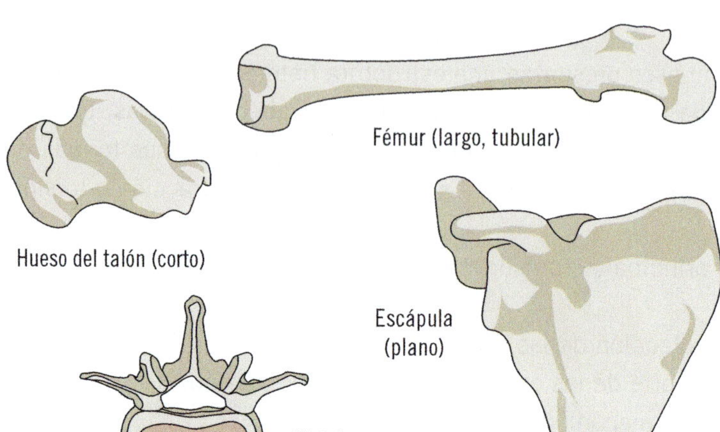

A continuación, se describen las características de los principales huesos del cuerpo humano, diferenciando entre miembro inferior, miembro superior y tronco.

Por un lado, en el **tronco** se encuentra:

- La columna vertebral, que es la encargada de permitir la posición erecta del ser humano, la realización de los movimientos del tronco, la protección de la médula espinal, el sostén de las demás estructuras óseas y el reparto de las cargas. Está formada por **vértebras** unidas por discos intervertebrales. En ella se encuentran cuatro zonas en forma de curvas:
    - Lordosis cervical (7 vértebras).
    - Cifosis dorsal (12 vértebras).
    - Lordosis lumbar (5 vértebras).
    - Cifosis sacro-coccígea (fusión de 5 vértebras sacras y 2-3 vértebras coccígeas).

La columna vertebral. Visión anterior, posterior y lateral. Curvaturas de la columna

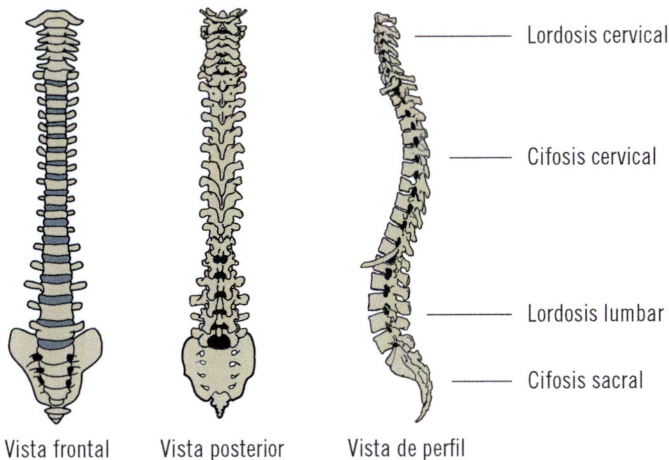

- La caja torácica está formada por doce pares de **costillas** y el **esternón.** Las costillas se unen a las vértebras dorsales en su parte posterior, y al esternón, en la parte anterior.

La caja torácica

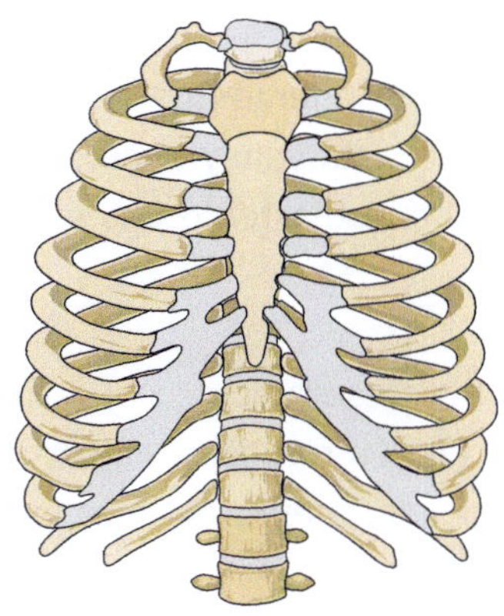

Sabía que...

De los 12 pares de costillas, los 7 primeros son independientes y se denominan verdaderos; los 3 siguientes se insertan en el mismo punto y se llaman falsos, y hay 2 costillas más: las flotantes.

El miembro inferior:

- En el pie se pueden diferenciar tres bloques óseos:
  - El tarso, compuesto por una fila donde se encuentran el **calcáneo** y el **astrágalo** y otra formada por **cuboides, escafoides** y **tres cuñas.**
  - El metatarso, constituido por cinco **metatarsianos.**
  - Los dedos, formados por tres **falanges** (excepto el pulgar, que solo tiene dos).

- La pierna está formada por la **tibia** y el **peroné:**
  - La tibia es un hueso largo que se articula con el fémur en la zona proximal y con el astrágalo y el peroné en la zona distal.
  - El peroné es el hueso externo que se articula con la tibia y el astrágalo.

- La **rótula** es un hueso sesamoideo que forma la rodilla, se une con la tibia a través del tendón rotuliano y se articula con el fémur.
- En el muslo se encuentra el hueso más largo del cuerpo, el **fémur:**
  - Está formado por el trocánter mayor y el trocánter menor, que se articulan con el hueso coxal, y por los cóndilos lateral y medial, que se articulan con la rótula.

- La cintura pélvica está compuesta por **dos huesos coxales,** el **sacro** y el **coxis o cóccix.**

El miembro superior:

- La cintura escapular, compuesta por dos **escápulas** y dos **clavículas.**
- El brazo, constituido por un solo hueso llamado **húmero** que se une con las escapulas y el codo.
- El antebrazo, formado por dos huesos que se articulan con el húmero y con el carpo: el **radio** (externo) y el **cúbito** (interno).
- En la muñeca se distinguen tres zonas:
    - El **carpo,** formado por dos líneas. La primera está constituida por el escafoides, semilunar, piramidal y pisiforme, y la segunda por el trapecio, trapezoide, hueso grande y ganchoso.
    - El **metacarpo,** compuesto por cinco huesos metacarpianos que forman la palma de la mano.
    - Las **falanges** están formadas por tres segmentos (excepto el pulgar, que tiene dos) y constituyen los dedos de la mano.

Los huesos del miembro superior (izquierda) y del miembro inferior (derecha)

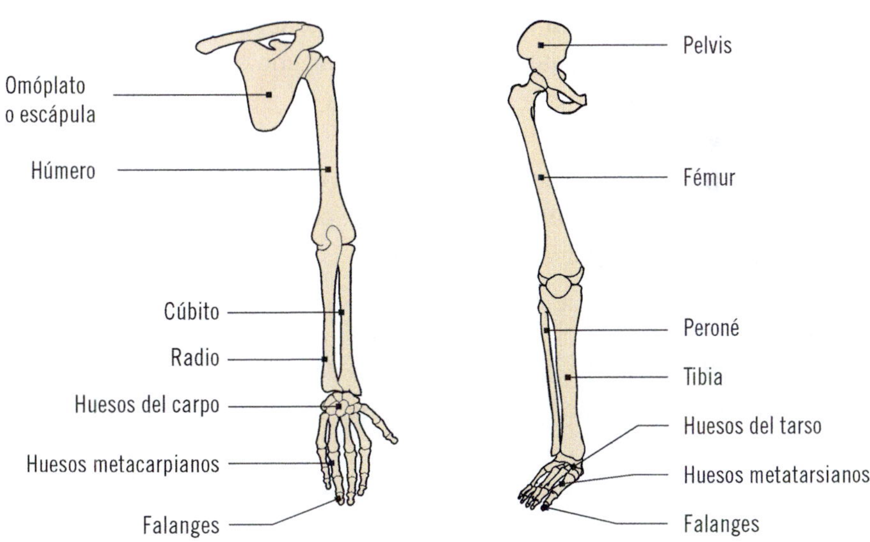

2.2. Sistema muscular

El músculo es la estructura activa del aparato locomotor, por su capacidad de cambiar de longitud contrayéndose y alargándose. Se compone de paquetes (fibras) que contienen numerosas miofibrillas. Estas fibras tienen umbrales de excitación diferentes, se dividen principalmente en tres tipos: las fibras de contracción lenta **(Tipo I),** las fibras de contracción intermedia **(Tipo IIa)** y las fibras de contracción rápida **(Tipo IIx).** Las fibras Tipo I son conocidas por su contracción lenta y sostenida, alta resistencia a la fatiga y mayor capacidad aeróbica, siendo ideales para actividades de resistencia prolongada como correr a largas distancias. Las fibras Tipo IIa presentan características intermedias, con contracción más rápida que las Tipo I y mayor resistencia a la fatiga que las Tipo IIx. Contribuyen tanto a actividades aeróbicas como anaeróbicas. Por último, las fibras Tipo IIx son las más rápidas en contracción pero tienen menor resistencia a la fatiga, siendo fundamentales para actividades explosivas y anaeróbicas de corta duración, como levantamiento de pesas o *sprint.* La variabilidad en estas fibras musculares proporciona adaptabilidad a diferentes demandas físicas y actividades.

Los músculos se unen a los huesos mediante los tendones, estructuras resistentes y flexibles formadas por fibras de colágeno que no poseen capacidad contráctil, por lo que siempre tienen la misma longitud.

En el cuerpo humano existen dos tipos de musculatura: los músculos lisos en las vísceras y los músculos estriados, que conforman el aparato locomotor. En función de su morfología se clasifican en:

- **Fusiforme.** Forma de huso. Por ejemplo, bíceps braquial.
- **Bi-/ tri-/ cuádriceps.** Según el número de porciones.
- **Penniformes** (músculos interóseos dorsales) y **semipenniformes** (semimembranoso).
- **Digástricos.** Consta de varios vientres musculares. Por ejemplo, digástrico.
- **Dentados.** Presentan dientes. Por ejemplo, serratos.
- En **forma de cinta.** Son largos, planos y finos. Por ejemplo, sartorio.
- Músculos con **forma geométrica.** Circulares (esfínter), planos (abdominales), cuadrados (cuadrado lumbar), rombo (romboide).

Los diferentes tipos de músculos

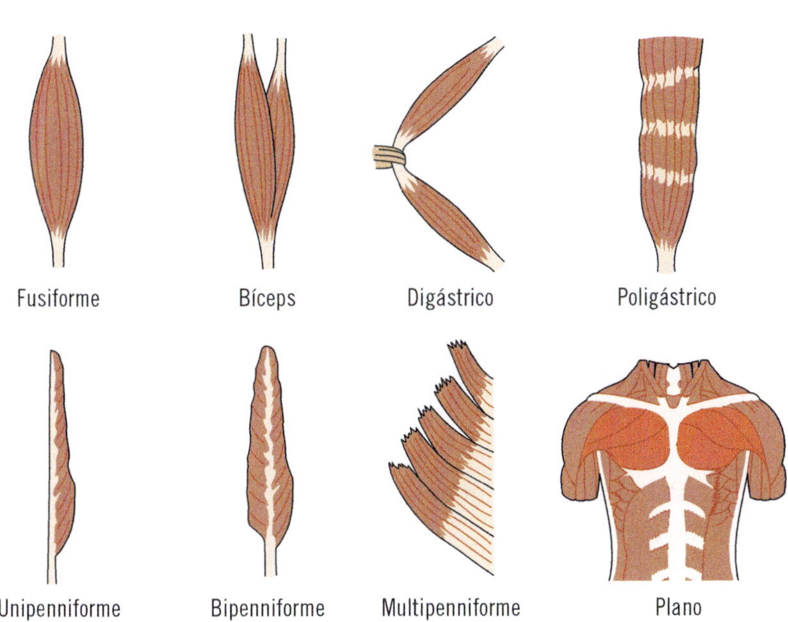

En la descripción de los grandes grupos musculares se diferenciará entre músculos profundos o superficiales y entre la localización en la zona anterior o posterior del cuerpo:

En el tronco:

- Los principales músculos **flexores** de la columna vertebral son:
  - Recto anterior del abdomen
  - Oblicuos internos y externos
- Los músculos implicados en la **extensión:**
  - Interespinosos
  - Transverso espinoso
  - Epiespinoso

- Largo del dorso
- Iliocostal

- En los movimientos **laterales** están implicados:

  - Cuadrado lumbar
  - Iliocostar

- Los músculos encargados de la **rotación** del tronco son:

  - Oblicuos mayor y menor del abdomen
  - Transverso espinoso

- La **estabilización** del tronco se logra gracias a los músculos profundos del abdomen:

  - Transverso del abdomen
  - Multífidos
  - Oblicuo interno
  - Diafragma

El miembro inferior:

- En la zona anterolateral de la pierna se encuentran el tibial anterior, los peroneos y los extensores de los dedos. En la zona posterior están los músculos profundos (tibial posterior, poplíteo y flexores de los dedos) y los músculos superficiales (gemelo interno, gemelo externo y el sóleo).
- En la zona anterior del muslo se localizan el cuádriceps (vasto interno, externo, medial y recto anterior), cintilla iliotibial, sartorio, tensor de la fascia lata, pectíneo, recto interno, aductor mediano y psoas (ilíaco, mayor y menor). En la zona posterior se encuentran los músculos profundos: el bíceps femoral (porción corta), aductor mayor, piramidal, glúteo menor, obturador interno, gérmino superior y gérmino inferior. Los músculos superficiales son bíceps femoral (porción larga), semitendinoso, semimembranoso, fascia lata y glúteo (mayor y mediano).

- Los movimientos del tobillo se realizan gracias a los siguientes músculos:

  - La flexión plantar: gemelos y sóleo.
  - Flexión dorsal: tibial anterior y extensores de los dedos.
  - Supinación: tibial anterior, posterior y gemelos.
  - Pronación: peroneo lateral corto, largo y peroneo anterior.

- Los músculos implicados en la movilidad de la rodilla son:

  - Flexión: bíceps femoral, semitendinoso y semimembranoso.
  - Extensión: cuádriceps.
  - Rotación interna: semitendinoso, semimembranoso y poplíteo.
  - Rotación externa: bíceps femoral y tensor de la fascia lata.

- La articulación de la cadera realiza los siguientes movimientos con la participación de los distintos músculos que la componen:

  - Flexión: psoas ilíaco, sartorio, tensor de la fascia lata y cuádriceps.
  - Extensión: glúteo mayor e isquiotibiales (semimembranoso, semitendinoso y bíceps femoral).
  - Abducción: glúteo mediano.
  - Aducción: aductores mayor, mediano y menor.
  - Rotación interna: glúteo menor y tensor de la fascia lata.
  - Rotación externa: piramidal, obturadores, géminos, psoas ilíaco y glúteo mayor.

El miembro superior:

- La escápula realiza los movimientos gracias a la participación de los siguientes músculos:

  - Separación: serrato mayor.
  - Elevación: trapecio y angular.
  - Aproximación: trapecio, romboides mayor y romboides menor.
  - Descenso: trapecio, pectoral menor, pectoral mayor y latísimo.
  - Basculación: serrato mayor y trapecio.

- En los movimientos de la articulación del hombro se implican los siguientes músculos:
  - Flexión: deltoides, coracobraquial, bíceps y pectoral mayor.
  - Extensión: dorsal ancho, redondo mayor y pectoral mayor.
  - Abducción: deltoides y supraespinoso.
  - Aducción: pectoral mayor, dorsal ancho y redondo mayor.
  - Rotación interna: subescapular, dorsal ancho y redondo mayor.
  - Rotación externa: infraespinoso y redondo menor.
  - Flexión horizontal: deltoides pectoral mayor y coracobraquial.
  - Extensión horizontal: deltoides, infraespinoso y redondo menor.

- La articulación del codo permite los movimientos de:
  - Flexión: bíceps y supinador largo.
  - Extensión: tríceps.

- El antebrazo realiza los movimientos de:
  - Pronación: pronador redondo y cuadrado.
  - Supinación: bíceps y supinador corto.

- La musculatura implicada en los movimientos de la articulación de la muñeca son:
  - Flexión: palmar mayor, cubital anterior y flexor de los dedos.
  - Extensión: radial y cubital posterior.
  - Abducción: radial y palmar mayor.
  - Aducción: cubital anterior y posterior.

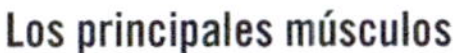

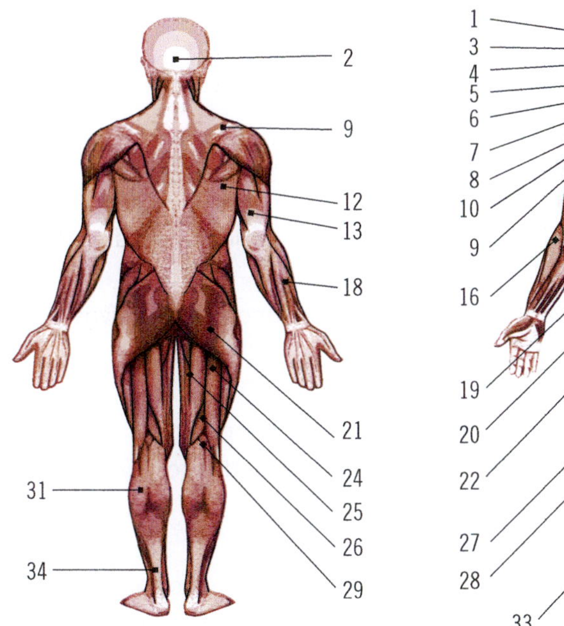

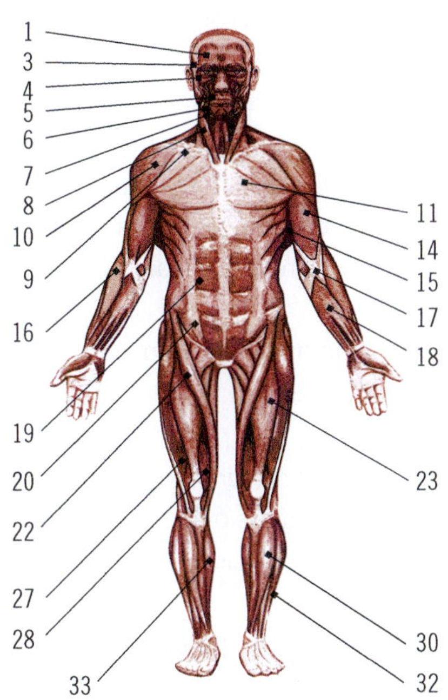

1. Frontal
2. Occipal
3. Temporal
4. Orbicular de los ojos
5. Orbicular de los labios
6. Bucinador
7. Masetero
8. Esternocleidomastoideo
9. Trapecio
10. Deltoides
11. Pectoral mayor
12. Gran dorsal
13. Tríceps
14. Bíceps braquial
15. Serrato
16. Supinador
17. Pronator
18. Extensor de los dedos
19. Recto abdominal
20. Oblicuo abdominal
21. Glúteo
22. Sartorio
23. Cuádriceps crural
24. Bíceps femoral
25. Abductor mayor
26. Semitendinoso
27. Vasto externo
28. Vasto interno
29. Semimembranoso
30. Tibial
31. Gemelos
32. Extensor largo de los dedos
33. Sóleo
34. Tendón de Aquiles

2.3. Sistema articular

La articulación es fruto de la unión de los extremos de los huesos. Su principal función es permitir el movimiento del sistema óseo.

Existen diferentes tipos de articulaciones:

- **Articulaciones fibrosas.** Son articulaciones con poca o ninguna movilidad. Se pueden dividir en tres tipos:
    - Sindesmosis. Unidas por un ligamento interóseo. Ejemplo: articulación tibioperonea inferior.
    - Sutura. Tienen un tejido fibroso intercalado. Ejemplo: hueso de la bóveda craneana.
    - Gonfosis. Específico de la implantación de los dientes.
- **Articulaciones con cartílago.** Son articulaciones poco móviles o semimóviles:
    - Sincondrosis. Unidas por un cartílago. Ejemplo: base del cráneo.
    - Sínfisis o anfiartrosis. Unidas por un fibrocartílago. Ejemplo: sínfisis del pubis.
- **Articulaciones con sinovial o diartrosis.** Son las más frecuentes y móviles. Están formadas por cartílago hialino, cápsula, líquido sinovial, ligamentos y a veces por fibrocartílago. Se clasifican en siete tipos:
    - Trocoide. Formada por un cilindro convexo y una superficie cóncava con un grado de movimiento. Ejemplo: articulación radiocubital superior.
    - Gínglimo o troclear. En forma de polea con un grado de movimiento. Ejemplo: articulación humerocubital.
    - Elipsoide o condílea. Con forma ovoide y dos grados de movimiento. Ejemplo: articulación radiocarpiana.
    - Bicondílea. Con dos superficies elipsoides y dos grados de movimiento. Ejemplo: articulación metacarpiana.
    - En silla de montar. Tiene una superficie cóncava en un sentido y convexa en el otro, con dos grados de movimiento. Ejemplo: articulación trapecio-metacarpiana.
    - Esferoide o enartrosis. Con forma esférica y tres grados de movimiento. Ejemplo: cabeza femoral.
    - Plana o artrodia. Con superficies planas o asimiladas y cinco grados de movimiento. Por ejemplo: facetas vertebrales torácicas.

Los diferentes tipos de articulaciones

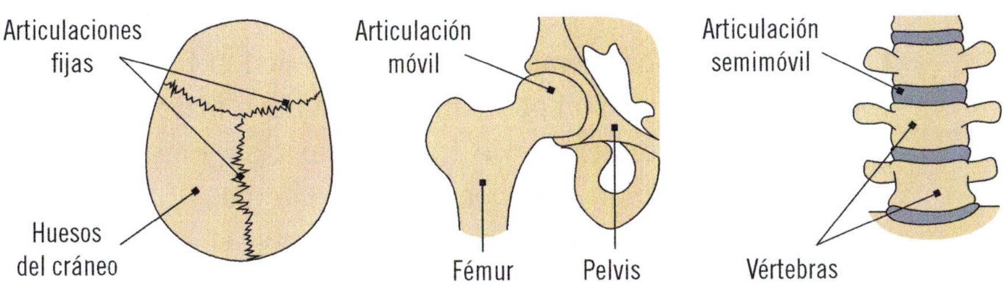

Las principales articulaciones del cuerpo humano que participan en el movimiento son las siguientes:

- Tronco:
  - La columna vertebral puede realizar los movimientos de flexo-extensión, lateralización, rotación y circunducción (flexo-extensión y lateralización) gracias principalmente a la existencia de los **discos intervertebrales,** formados por el anillo fibroso y núcleo.
- Miembro inferior:
  - En el pie se encuentran varias articulaciones que permiten el movimiento. Entre ellas, la articulación **astragalocalcánea,** responsable de la prono-supinación del pie, que junto con las articulaciones **mediotarsianas** producen los movimientos de inversión (flexión plantar y supinación) y eversión (extensión plantar y pronación). Las articulaciones **interfalángicas** son las responsables de los movimientos de los dedos.
  - La articulación del **tobillo** es la unión de la tibia y el peroné con el astrágalo que permite los movimientos de flexión y extensión del pie.
  - La articulación de la **rodilla** es la unión entre el fémur y la tibia que permite los movimientos de flexo-extensión y rotación. Los meniscos permiten que se adapten las diferentes curvaturas de ambos huesos.
  - La articulación de la **cadera** une el fémur con los huesos coxales. Produce los movimientos de flexo-extensión, aducción-abducción y rotación.

- Miembro superior:
    - La articulación del **hombro** une el tronco con el brazo. La escapulohumeral es la más importante y la que tiene mayor capacidad de movimientos: flexo-extensión frontal, aducción y abducción, flexo-extensión horizontal y rotación interna y externa.
    - La articulación del **codo** une el húmero con el radio y el cúbito. Realiza movimientos de flexo-extensión, además de intervenir en la prono-supinación gracias a la articulación radiocubital (prono-supinación).
    - La articulación de la **muñeca** permite los movimientos de flexo-extensión y aducción-abducción de la mano.
    - Las articulaciones de la **mano** realizan los movimientos que permiten la manipulación.

Las principales articulaciones del cuerpo humano

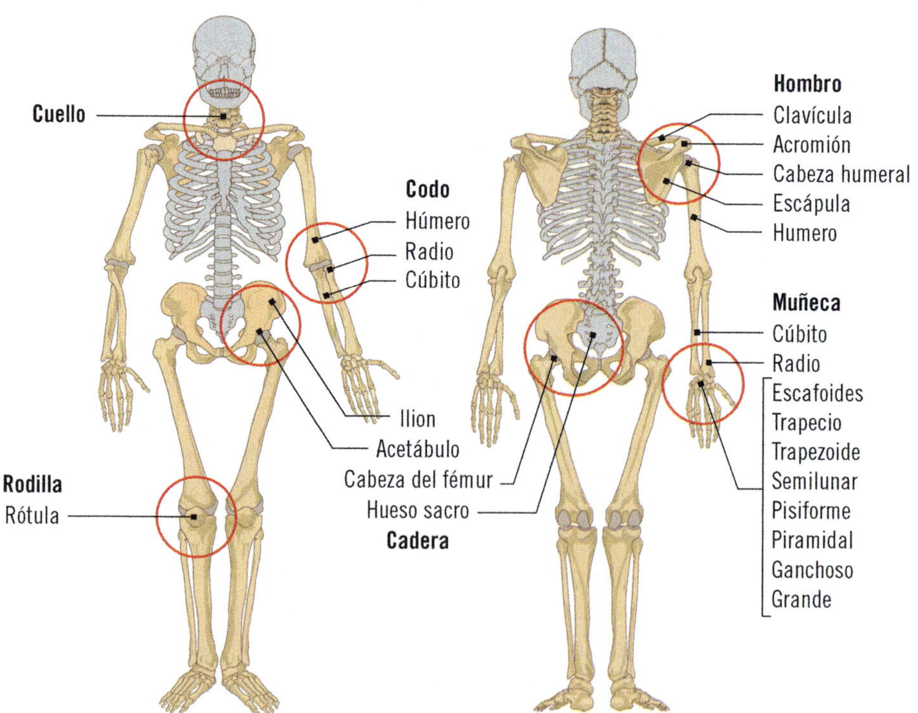

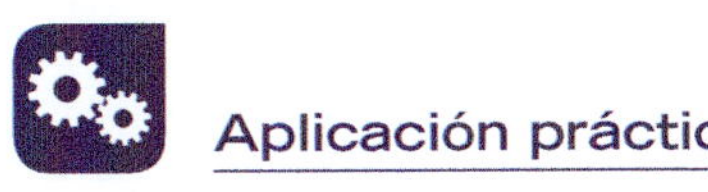

Aplicación práctica

Un sujeto en una sala de musculación realiza los siguientes ejercicios. Analice de forma funcional y anatómica los movimientos:

EJERCICIO	PLANO	EJE	MÚSCULOS	ARTICULACIONES
Sentadilla				
Press banca				
Elevaciones laterales de brazos				
Crunch				

SOLUCIÓN

EJERCICIO	PLANO	EJE	MÚSCULOS	ARTICULACIONES
Sentadilla	Sagital	Transversal	Cuádriceps Glúteos Isquiotibiales	Tobillo Rodilla Cadera
Press banca	Transversal	Longitudinal	Pectoral Tríceps	Hombro Codo
Elevaciones laterales de brazos	Frontal	Anteroposterior	Deltoides	Hombro
Crunch	Sagital	Transversal	Abdomen	Cadera

Actividades

1. Indique qué articulación es la que tiene mayor grado de movimiento.
2. ¿Cuántas curvaturas tiene la columna vertebral, cuántos huesos la componen y en qué partes se divide?
3. ¿Qué tipos de fibras musculares se activan principalmente en un saque de tenis?

3. Aparato respiratorio

Su misión es utilizar los gases ambientales presentes en el exterior para intercambiarlos con los líquidos interiores. Por ello, sus funciones principales son:

- Proporcionar el oxígeno para el metabolismo.
- Expulsar el dióxido de carbono producido por el metabolismo.
- Mantener el equilibrio ácido-base a través de la regulación de la concentración de H+.

3.1. La ventilación anatómica

En este sistema el aire que penetra por la nariz o la boca se filtra y se humedece en la tráquea, donde adquiere la temperatura corporal. Desde ahí se dirige a los bronquios, que son los canales que conectan a los pulmones y que poseen una propiedad elástica muy importante para hacer efectiva la ventilación. Dentro de estos últimos, los bronquiolos (prolongación de los bronquios) derivan el aire a los alvéolos, dando como resultado la última fase de la ventilación: el intercambio gaseoso entre sangre y pulmones.

3.2. La mecánica de la ventilación

En este proceso intervienen de forma directa la elasticidad pulmonar, el diafragma, la musculatura abdominal e intercostal y por ende la caja torácica.

La **inspiración** es el proceso activo de la ventilación. Al descender el diafragma y expandirse la caja torácica, la elasticidad de los pulmones permite que el aire contenido se expanda, por lo que el aire ambiental penetra debido a la diferencia de presión. Cuando la presión intrapulmonar se nivela con la presión atmosférica, la caja torácica recupera el estado inicial.

La **espiración** es resultado de la relajación muscular del diafragma y la musculatura respiratoria, por lo que produce consecuentemente el descenso de la caja torácica.

Ante ello, la elasticidad pulmonar permite que los alvéolos se compriman y expulsen el aire hacia el exterior. Se considera un proceso pasivo.

Acción del diafragma durante la inspiración (izquierda) y la espiración (derecha)

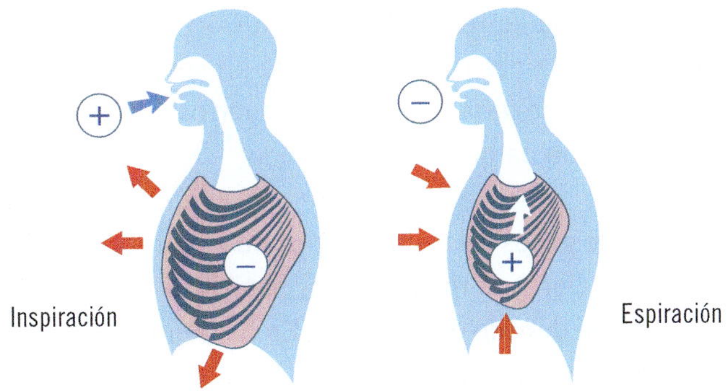

La influencia de la musculatura respiratoria en la ventilación durante el ejercicio está relacionada con el esfuerzo. Si la intensidad crece, la respuesta es aumentar la frecuencia y la profundidad del ciclo inspiración-espiración para crear diferencias de presión que permitan un mayor movimiento del aire.

Ante los esfuerzos físicos importantes se inclina el cuerpo hacia delante de forma involuntaria, ya que facilita el retorno de la sangre al corazón y disminuye la acción gravitatoria durante la inspiración.

3.3. Intercambio de gases

El aire ambiental está compuesto por valores relativamente estables de oxígeno (20,93 % - 159 mmHg), nitrógeno (79,04 % - 600 mmHg) y otros gases inertes, como el argón y dióxido de carbono (0,03 % - 0,2 mmHg).

El aire alveolar está compuesto por oxígeno (14,47 % - 103 mmHg), dióxido de carbono (5,13 % - 39 mmHg), nitrógeno (74,21 % - 564 mmHg) y vapor de agua (6,18 % - 47 mmHg).

La **perfusión alveolar** se realiza con la difusión de los gases, desde presiones mayores hacia presiones menores. Existe un volumen de aire que no participa en el intercambio de gases: el espacio muerto; esto es, el aire del volumen pulmonar de dióxido de carbono no eliminado.

El intercambio de gases en los pulmones no supone generalmente una limitación incluso en el ejercicio más intenso, haciendo efectiva la recarga de oxígeno y la descarga de dióxido de carbono. En los tejidos la difusión se favorece a través de la actividad física y el intercambio se realiza de manera más rápida.

3.4. Alteraciones en la respiración

Existen algunos cambios en el sistema respiratorio que limitan el rendimiento durante el ejercicio. Son los siguientes:

- **Disnea:** es una percepción subjetiva de incapacidad para la respiración que suele determinarse por un escaso nivel de forma física aeróbica. Consiste en un ciclo respiratorio corto que eleva la concentración de dióxido de carbono y del ión hidrógeno en las arterias. Esto provoca una orden nerviosa que fatiga los músculos respiratorios poco preparados, además de producir la incapacidad de airear la sangre adecuadamente. Existen diferentes tipos de disneas: disnea de esfuerzo, disnea de decúbito y disnea paroxística nocturna.
- **Hiperventilación:** es el aumento de la ventilación por encima del requerimiento de oxígeno que lleva a cabo el metabolismo. Desemboca en una disminución de la presión del dióxido de carbono y en la concentración del ión hidrógeno, lo que conlleva un aumento del pH.

Sabía que...

La hiperventilación se corrige inhalando el dióxido de carbono espirado con una bolsa de papel colocada en la boca.

- **Maniobra de Valsalva:** es una espiración forzada con la glotis cerrada para optimizar la capacidad de generar tensión en los músculos del tórax. Las consecuencias son el aumento de la presión sanguínea arterial y la compresión de la vena cava inferior, lo que compromete el retorno venoso y conlleva una consiguiente caída de la presión arterial. Puede derivar en mareos y posibles desmayos por la falta de aporte sanguíneo al cerebro.

Recuerde

Es importante tener en cuenta los efectos de la maniobra de Valsalva, especialmente en niños y mayores. No se deben realizar esfuerzos mantenidos durante más de 6-8 segundos.

Actividades

4. ¿Cuál es la razón por la que se produce el intercambio de gases y dónde tiene lugar?

4. Aparato circulatorio: el corazón, la circulación, la sangre

El aparato circulatorio es un sistema compuesto por el corazón, las arterias, los capilares y las venas. Está configurado de forma continua y entre sus principales funciones se encuentran:

- Abastecer de oxígeno y nutrientes a los diferentes órganos y conducir la sangre para transferir las sustancias de desecho.
- Transportar calor y hormonas.

4.1. La circulación sanguínea y sus componentes

El **corazón** es el músculo encargado de propulsar la sangre por todo el circuito. Contiene cuatro cámaras que están divididas por una gruesa pared longitudinal y cada mitad tiene a su vez dos divisiones: la aurícula, cavidad de recepción y almacenamiento de la sangre, y el ventrículo, espacio para la propulsión sanguínea. La aurícula derecha recibe sangre de las venas cavas superior e inferior; seguidamente, pasa al ventrículo derecho a través de una válvula llamada **tricúspide,** que impide que la sangre retroceda nuevamente a la aurícula derecha. A continuación, la sangre se dirige a los pulmones por medio de unas arterias pulmonares, donde se enriquece de O2, y una vez oxigenada vuelve al corazón, en concreto a la aurícula izquierda, mediante cuatro venas pulmonares. Una vez allí, realizando otro movimiento de sístoles, pasa al ventrículo izquierdo por medio de una válvula llamada **mitral** o **bicúspide** y posteriormente llega a la arteria aorta, que distribuye la sangre por todo el cuerpo, incluyendo el propio corazón.

Esquema del aparato circulatorio

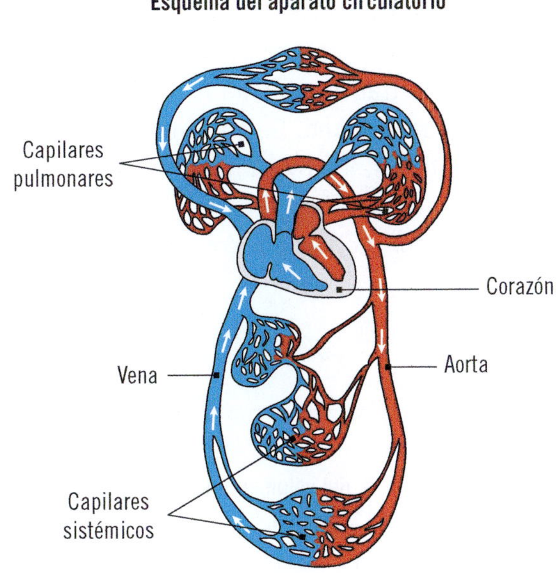

El transporte desde el corazón a los tejidos se realiza gracias a las **arterias,** que se ramifican en arteriolas y metarteriolas. Son tubos con el grosor suficiente como para evitar el intercambio de gases y que constan de musculatura lisa para regular el flujo sanguíneo. Durante el ejercicio, las arterias se encargan de dirigir mayor flujo a los músculos participantes desde otros que no contribuyen al mismo.

El intercambio de las sustancias, tanto los gases y nutrientes como los productos de desecho, se realiza en los **capilares.** Su composición permite una adecuada transmisión, ya que son finos y porosos. También poseen su propia musculatura con el fin de regular la cantidad de sangre en función del requerimiento de la actividad o el ejercicio físico.

El retorno sanguíneo comienza en las vénulas, que sirven de adaptación entre los capilares y las **venas** y son de menor sección para aumentar la presión con la que se transporta la sangre. Al igual que los anteriores, están envueltas por una capa de músculo liso. Las válvulas permiten mantener el flujo sanguíneo, evitando que retroceda para facilitar el regreso de la sangre al corazón y la musculatura próxima ejercen presión a través de sus contracciones, que facilitan la apertura de dichas válvulas.

La **sangre** es el medio de transporte para la administración de nutrientes y la recogida de sustancias de desecho. Se constituye de plasma, la parte líquida, compuesta mayormente por agua y en menor medida por proteínas y otras sustancias, y de fracción corpuscular, la parte sólida, formada esencialmente por glóbulos rojos y, en menor proporción, por plaquetas y leucocitos.

Sabía que...

El sistema venoso contiene un 65 % del volumen total de la sangre, por lo que funciona como almacén activo y regulador de la misma.

4.2. Respuesta del corazón y el flujo sanguíneo al ejercicio

El **gasto cardíaco** (GC) es la cantidad de sangre que sale del ventrículo izquierdo y llega al resto del organismo en un minuto. Está determinado por los latidos por minuto (Fc) junto con la cantidad de sangre expulsada por el ventrículo izquierdo (Vs). Se representa por la siguiente fórmula:

$$GC = Fc \times Vs$$

La estimación de la frecuencia cardíaca es un sencillo parámetro para conocer la respuesta al ejercicio. El cálculo de la frecuencia cardíaca máxima se puede realizar a través de la fórmula:

$$\text{Fc máx.} = 220 - \text{Edad}$$

Otro aspecto importante es la reserva de frecuencia cardíaca (RFC), que es la diferencia entre la frecuencia cardíaca máxima y la de reposo. Cuanto más amplia sea, menor trabajo cardíaco para una intensidad dada.

Del mismo modo, otras ecuaciones permiten conocer de forma teórica el valor de la frecuencia cardíaca a distintas intensidades:

$$\text{Fc Ejercicio} = \text{Fc reposo} + (\%\text{intensidad}/100) \times \text{RFC}$$

La **frecuencia cardíaca** se puede ver afectada por:

- La edad: disminuye a lo largo de los años. Aspecto clave en la estimación de la Fc máxima.
- El sexo: mayores valores de Fc en mujeres que en hombres para mismas cargas de trabajo.
- Nivel de forma: en personas entrenadas los valores de Fc basal son inferiores y, a diferencia de personas no entrenadas, presentan valores submáximos menores de Fc para una misma carga de trabajo.
- Las condiciones ambientales: la Fc aumenta a mayor altura, temperatura y humedad.
- Otras causas que afectan a la Fc son el tipo de ejercicio, las variaciones circadianas y las diferentes patologías.

El **volumen sistólico** se ve afectado principalmente por tres puntos:

- El entrenamiento aumenta la capacidad de llenado del corazón, lo cual implica una mayor vs. por el aumento del retorno venoso y la elasticidad del músculo cardíaco, entre otros factores. Este aspecto cobra especial importancia en los momentos iniciales del ejercicio y en actividades de intensidad baja y moderada.
- Del mismo modo, la contractilidad es susceptible de mejora a través del entrenamiento. Una mayor tensión generada por el músculo cardíaco proporciona un mayor vaciado. En ejercicios de alta intensidad, donde el tiempo de llenado es menor, este aspecto adquiere más importancia.
- La edad influye sobre el vs. de manera negativa.

El volumen de sangre que se bombea en reposo a través de todo el cuerpo es de unos 5 litros, y para ello el músculo cardíaco late entre 50-80 pulsaciones por minuto.

Esta cantidad de sangre no es suficiente para satisfacer las necesidades de oxígeno durante el ejercicio, de ahí que tenga lugar una modificación del gasto cardíaco, aumentando la frecuencia cardíaca y el volumen sistólico. A intensidades elevadas el volumen sistólico no aumenta, por lo que la frecuencia cardíaca es la única moduladora del gasto cardíaco.

Sabía que...

Durante el ejercicio, el volumen de sangre movilizada puede suponer varias veces el gasto cardíaco, alcanzando valores de hasta 22 l/min en personas no entrenadas y de 35 l/min en personas que realizan entrenamientos de fondo.

La salida del flujo sanguíneo del ventrículo izquierdo induce una presión sobre las arterias, cuya respuesta puede variar en función del tipo de ejercicio:

- El ejercicio de intensidad de carácter cíclico (trotar, montar en bici, nadar, etc.) produce una dilatación de los vasos sanguíneos. Aun así, la presión arterial aumenta en un primer momento, pero se estabiliza después gracias a las contracciones y relajaciones musculares.
- Los ejercicios que requieren una tensión muscular mantenida, como por ejemplo el levantamiento de pesas, comprimen las arteriolas y crean una mayor resistencia a la circulación sanguínea.
- La masa muscular contiene elementos vasculares de forma proporcional; por lo tanto, en los miembros inferiores donde la masa muscular es mayor también lo es el paquete vascular, y ocurre lo contrario en los miembros superiores. Esto conlleva que las extremidades superiores requieran un mayor trabajo cardíaco y presión arterial que las inferiores.
- En posiciones de inversión dicha presión arterial se ve acentuada, especialmente durante el ejercicio.
- El ejercicio de intensidad moderada reduce la presión arterial durante un tiempo de hasta 12 horas después, alcanzando valores menores que los previos a la actividad. Esto se debe a que, en la recuperación, el volumen sanguíneo se dispersa en vísceras y miembros inferiores.

La actividad física provoca hemoconcentración de la sangre, descenso del volumen y, por consiguiente, aumento de la proporción solida de la misma. La consecuencia es el incremento del trabajo cardíaco debido a la sudoración y a la pérdida de parte líquida, y su posterior influencia sobre el gasto cardíaco es la de impulsar una sangre más sólida.

Aplicación práctica

Ana es una mujer de 25 años que quiere realizar ejercicio de forma controlada. Su frecuencia cardíaca basal es de 68 ppm y su estado de forma no es el más adecuado debido a que su trabajo no le permite practicar deporte con regularidad. Su entrenador personal le indica que realice dos días de actividades prolongadas a una intensidad de 65-75 % de Fc máx., y un día con esfuerzos de alta intensidad y corta duración, al 85-90 % FC máx. Calcular los valores de frecuencia cardíaca de los ejercicios. ¿Qué adaptaciones tendrán lugar con el entrenamiento en cuanto al gasto cardíaco?

Continúa en página siguiente >>

<< Viene de página anterior

SOLUCIÓN

Fc máx. = 220-Edad

Fc máx. = 220 – 25 = 195 ppm.

RFC = Fc máxima – Fc reposo

RFC = 195 – 68 = 127 ppm.

Fc Ejercicio = Fc reposo + (% intensidad/100) x RFC

Intensidad 65 % = 68 + (65/100) X 127 = 150,55 ppm.

Intensidad 75 % = 68 + (75/100) x 127 = 163,25 ppm.

Intensidad 85 % = 68 + (85/100) X 127 = 175,95 ppm.

Intensidad 90 % = 68 + (90/100) X 127 = 182,30 ppm.

A medida que Ana se entrene, los valores de Fc basal serán menores y también lo será el valor de Fc para las distintas intensidades submáximas. En cuanto al volumen sistólico, se aumenta la capacidad de llenado del corazón, entre otros factores por el aumento del retorno venoso, la elasticidad y la contractibilidad del músculo cardíaco.

Actividades

5. ¿De cuántas cavidades se compone el corazón? ¿De dónde recibe el corazón la sangre y hacia dónde la envía en la llamada circulación pulmonar?
6. ¿Qué efectos provoca el ejercicio en el volumen sistólico?
7. A intensidades elevadas de ejercicio, ¿qué permite aumentar el gasto cardíaco?

5. El sistema nervioso

La organización está centralizada por el cerebro y la médula espinal, que forman el sistema nervioso central (SNC) e intercambian la información a través de los nervios craneales y espinales, pertenecientes al sistema nervioso periférico (SNP).

5.1. El sistema nervioso central

La organización del SNC está jerarquizada y presenta un comportamiento uniforme, de tal manera que existen distintas zonas:

- El encéfalo se encarga del pensamiento, la inteligencia y la resolución de problemas.
- El sistema límbico se encuentra integrado en varias zonas del tronco cerebral. Su función está relacionada con las respuestas emocionales, el aprendizaje y la memoria; es decir, la personalidad, los recuerdos y, en definitiva, el hecho de ser como uno es, dependen en gran medida del sistema límbico.
- El diencéfalo posee una división en la que destacan el tálamo y el hipotálamo. Este último es, además, regulador del metabolismo y de la temperatura corporal.
- El mesencéfalo sirve de puente entre la protuberancia y las estructuras superiores. Transfiere información sensorial visual y auditiva hacia los centros superiores.
- El metencéfalo tiene dos partes diferenciadas: el cerebelo y la protuberancia, que supone el nexo entre las distintas áreas cerebrales y la médula espinal. El cerebelo se encarga del control motor: ajuste de la postura, movimiento, equilibrio, percepción de la velocidad y otros reflejos; además, transmite las señales motoras desde la corteza y recibe información sensitiva de músculos, tendones, articulaciones, visuales, auditivos y vestibulares.

Núcleo del sistema nervioso central

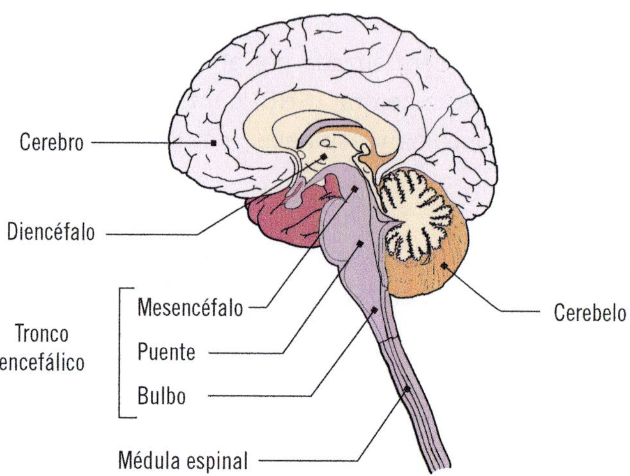

- La médula espinal recorre la longitud de la columna vertebral y tiene un grosor aproximado de un centímetro de diámetro, ocupando el espacio entre el cuerpo vertebral y las apófisis. En una visión transversal, se aprecia una sustancia gris diferenciada con dos astas anteriores y dos dorsales, configurando una forma de H, y una sustancia blanca que rellena el grosor restante. Por las astas anteriores salen las neuronas motoras o motoneuronas (eferentes), que transfieren las señales hasta los músculos, y por las astas dorsales se transmite la información a la médula espinal a través de neuronas sensitivas (aferentes). Además, existen en la propia médula espinal, dentro de la sustancia blanca, neuronas ascendentes y descendentes.

Sistema nervioso central

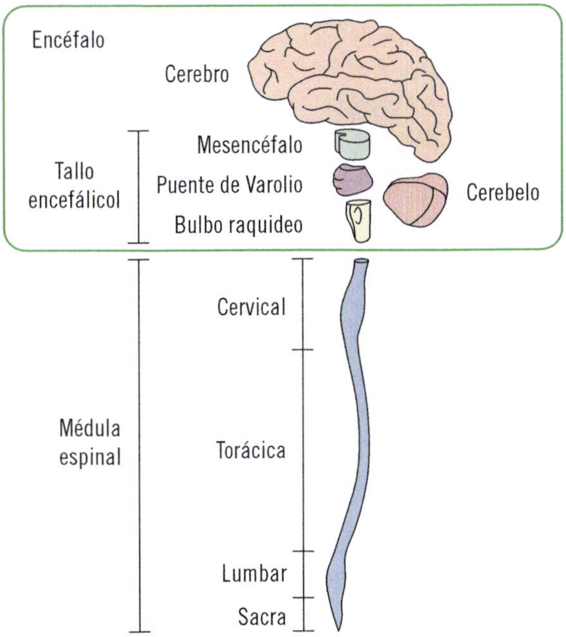

5.2. El sistema nervioso periférico

El SNP consta de 31 pares de nervios periféricos divididos en las zonas cervicales (8), torácicas (12), lumbares (5), sacro (5) y coxis (1).

Nervios espinales, origen y zonas del cuerpo que inervan

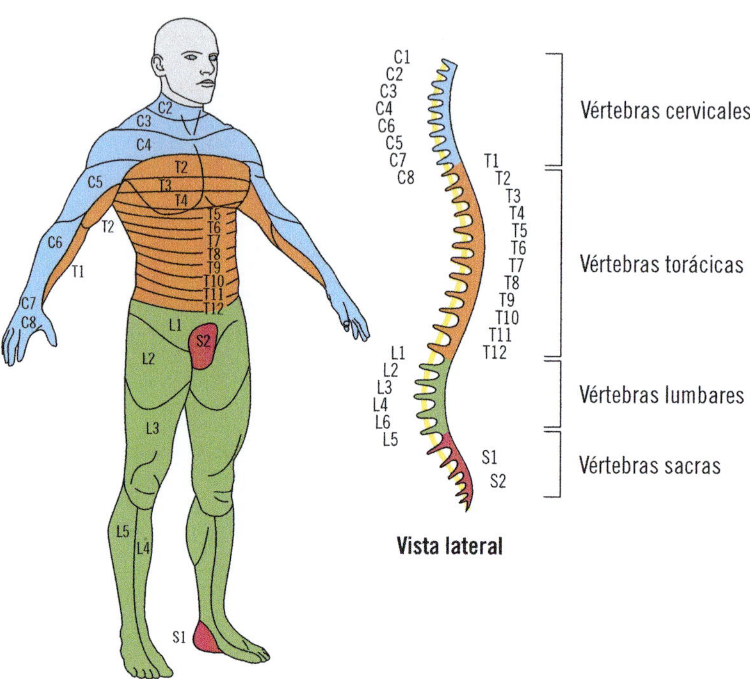

El SNP presenta dos divisiones:

- SNP somático. Se encarga de la excitación de la musculatura esquelética de forma voluntaria. La señal se conduce desde el SNC hasta las fibras musculares a través de las vías eferentes.
- SNP autónomo. Su finalidad es conservar el equilibrio en el medio interno. Principalmente se ocupa de la musculatura lisa y de diversas glándulas, pero además existen fuera del sistema central ganglios del SNP autónomo, por lo que se deriva en dos partes que pueden estimular o inhibir de forma subconsciente:
    - SNP autónomo simpático. Actúa en situaciones que necesitan una activación total del organismo para poder afrontarlas, como la lucha o la huída. Esta respuesta se activa a través de la liberación de noradrenalina.
    - SNP autónomo parasimpático. Su misión es la opuesta a la del sistema simpático, pues basa su acción en la liberación de acetilcolina.

	Parasimpático	Simpático
Circulación sanguínea en el músculo esquelético	Disminuye	Aumenta
Ventilación	Disminuye	Aumenta
Sudoración	--	Aumenta
Contractibilidad cardíaca	Disminuye	Aumenta
Presión arterial	Disminuye	Aumenta
Motilidad digestiva	Aumenta	Disminuye
Secreción digestiva	Aumenta	Disminuye
Tamaño de las pupilas	Disminuye	Aumenta

Efectos del sistema nervioso autónomo sobre distintos aspectos que afectan durante el ejercicio físico.

Tanto el sistema simpático como el parasimpático juegan un papel importante en el ejercicio físico, ya que actúan regulando sus respuestas ante las diferentes situaciones que surgen durante la realización de actividades físicas.

5.3. Los reflejos

Existen varios tipos de reflejos:

- **Reflejo autónomo.** Son acciones musculares ante estímulos ambientales que se hacen efectivas incluso antes de tener sensación o información sobre la consecuencia que puede tener dicho estímulo. La información sensorial viaja hacia las astas dorsales de la médula, que envía una señal automáticamente a través de las astas anteriores para efectuar la acción muscular pertinente. A su vez, la médula espinal envía dicha información sensitiva mediante interneuronas al sistema nervioso central. Un ejemplo de este tipo de reflejos podría ser retirar el dedo de un objeto punzante antes incluso de tener la sensación consciente de dolor.
- **Reflejo complejo.** Se desarrolla de forma parecida al anterior. Los reflejos complejos son aquellos en los que se involucran mayor cantidad de grupos musculares y, por lo tanto, conllevan una transmisión de información más compleja. Un ejemplo de este tipo de reflejo podría ser activar más una pierna en el apoyo en bipedestación cuando existe

alguna dolencia en la otra extremidad que impide realizar dicho apoyo de forma eficaz.

- **Reflejos aprendidos.** Son patrones que, debido a su repetición y cotidianidad, se expresan de forma automática. Un ejemplo es el tecleado numérico de los precios por parte de la persona que registra la compra en la caja de un supermercado, pues lo realiza de forma automática gracias a las horas de práctica, no piensa en la ubicación de cada número.

Actividades

8. ¿Qué importancia tiene el cerebelo en el ejercicio físico?
9. ¿Es necesario que toda la información llegue al cerebro para efectuar una respuesta motora?

6. Metabolismo energético

A continuación, se procede a desarrollar cómo el cuerpo humano utiliza la energía y sus diferentes vías para obtenerla.

6.1. Concepto y utilización de la energía

El concepto de **transferencia energética** es la capacidad de adquirir la energía de los alimentos y utilizarla para la contracción del músculo esquelético, entre otros.

Los aparatos y sistemas mencionados en los apartados anteriores no realizarían tales funciones de no ser por la transferencia energética, que se lleva a cabo a través de una gran variedad de reacciones químicas que proporcionan el combustible necesario a las demandas de la actividad. Este proceso de sustracción de energía de los alimentos ingeridos permite reducir la pérdida de energía gracias en parte al medio acuoso y a la temperatura estable de la célula.

Los hidratos de carbono, las grasas y las proteínas conforman los sustratos de base para proporcionar la energía de sus enlaces al uso del adenosín trifosfato (ATP), el único compuesto del que la célula puede obtener dicha energía y que funciona como transportador de la energía libre.

Sabía que...

El ejercicio favorece el almacenamiento de energía en los músculos en forma de glucógeno.

6.2. Sistemas de producción de energía

Dependiendo de las demandas energéticas en cuanto a tiempo disponible y necesidades de respuesta, el organismo tiene formas diferentes de transformar la energía. La principal característica es que todos los procesos actúan de forma continua para usar la energía almacenada, con mayor o menor relevancia según el tiempo que requiera el aporte de determinados niveles energéticos.

Sistemas de producción energética en función del tiempo disponible

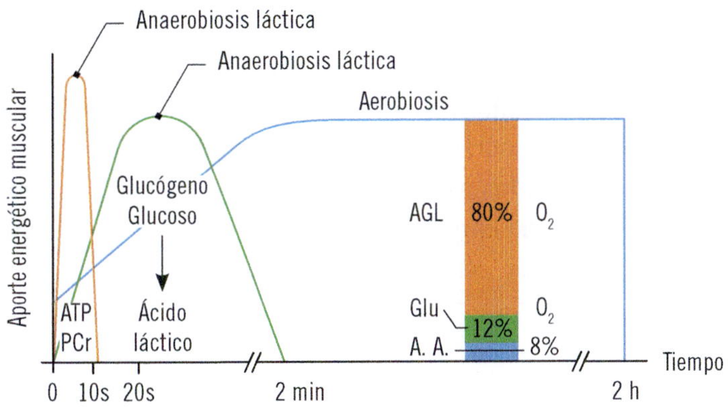

El sistema ATP-Fosfocreatina (ATP-PC)

Como su propio nombre indica, la energía se obtiene a través de las cantidades de ATP existentes en el músculo y de la fosfocreatina, forma en la que se almacena el ATP muscular. Este recurso proporciona respuestas a ejercicios de alta intensidad con la única salvedad de que se agota en un tiempo discreto (dura aproximadamente hasta los 10 segundos). Además, se activa siempre al inicio del ejercicio.

Este sistema se considera determinante en actividades que precisan esfuerzos breves y de alta intensidad, como por ejemplo las carreras de velocidad, los lanzamientos o el levantamiento de pesas. Además, gracias a la energía almacenada proveniente de los hidratos de carbono, las grasas y proteínas ingeridas, estos depósitos se reponen durante el ejercicio, lo que permite a esta vía metabólica ser importante en deportes de mayor duración con esfuerzos discontinuos, como por ejemplo los de equipo.

La **glucólisis anaeróbica** satisface los requerimientos energéticos ante ejercicios de alta intensidad con una mayor duración que el anterior (1-2 minutos). Este sistema es muy conocido por un producto de las reacciones metabólicas que se ocasionan para la obtención del ATP, el lactato, que puede ser un limitante o un indicador de insuficiencia de esta vía metabólica. A su vez, puede ser derivado a otras partes del músculo (otras fibras) u otros órganos (hígado) para participar en diversos procesos de obtención de energía. De cualquier modo, cuando la producción de lactato supera su eliminación da lugar a una acumulación del mismo en el torrente sanguíneo y, en consecuencia, a la necesidad de retirar productos de desecho de la sangre.

El **sistema aeróbico** es el proceso que más rendimiento proporciona en términos de producción total de ATP. Se expresa de manera predominante en esfuerzos que tienen una duración mayor a 2-3 minutos, en los que el consumo de oxígeno se acelera en las primeras fases para llegar a un estado estable correspondiente al equilibrio entre las demandas de ATP causadas por el ejercicio y la producción del mismo por este sistema.

Sabía que...

En el sistema aeróbico los principales combustibles son los hidratos de carbono y las grasas; sin embargo, practicar ejercicio en ayunas contribuye a la degradación de proteínas, con el consiguiente efecto de deterioro muscular.

Es conveniente mencionar el concepto de consumo máximo de oxígeno (VO_2 máx), que es la medición cuantitativa de la capacidad máxima de sintetizar ATP de forma aeróbica.

Actividades

10. Durante una etapa de la vuelta a España, ¿cuál es el único sistema que proporciona la energía?

Aplicación práctica

Si el metabolismo energético se presenta como continuo entre sus diferentes sistemas, ¿por qué un corredor victorioso en 200 metros lisos no lo es en una prueba de 5.000 metros?

SOLUCIÓN

Porque los entrenamientos están diseñados para la potenciación de las vías metabólicas relevantes del ejercicio específico y los sistemas principales para la obtención de éxito en ambas pruebas son diferentes; en los 200 metros lisos, la aportación proviene del sistema ATP-PC y de la glucólisis anaeróbica, mientras que en los 5.000 metros procede del sistema aeróbico.

7. Concepto de fatiga

La fatiga es el deterioro del rendimiento al realizar cualquier actividad. En el deporte se relaciona con la incapacidad de alcanzar la intensidad máxima, así como de mantenerla durante el tiempo.

Es necesario tenerla en cuenta en la planificación deportiva, ya que engloba una serie de cambios fisiológicos que con el posterior descanso darán lugar a las adaptaciones adecuadas para aumentar el rendimiento. Si no se controla puede dar lugar a la fatiga crónica o sobreentrenamiento.

Recuerde

La fatiga es un elemento necesario para completar la adaptación tras el entrenamiento.

7.1. Clasificaciones de la fatiga

Se pueden realizar diferentes clasificaciones de la fatiga atendiendo a varios aspectos. A continuación, se detallan los principales:

- Grado y duración:
  - Fatiga aguda o de corta duración: de horas o de 2-3 días.
  - Fatiga de media duración: de varios días a 2-3 semanas.
  - Fatiga crónica o de larga duración: de varias semanas a varios meses.
- Zona del cuerpo afectada:
  - Fatiga local. Por ejemplo, en gemelos o tríceps.
  - Fatiga regional. Por ejemplo, en brazos o piernas.
  - Fatiga general. Afecta a todo el organismo.

- Carácter:
  - Física
  - Emocional
  - Mental
  - Sensorial
- Localización de la causa:
  - Fatiga central
  - Fatiga periférica

7.2. Lugares de aparición de la fatiga

Normalmente, la aparición de la fatiga se produce de forma generalizada en todos los sistemas, pero en función de los que predominen se puede distinguir entre fatiga central y periférica.

La **fatiga central** se produce previamente a la activación de la placa motora; es decir, en el sistema nervioso central (cerebro y médula).

La **fatiga periférica** se produce en los procesos metabólicos y nerviosos del músculo.

Lugares de aparición de la fatiga

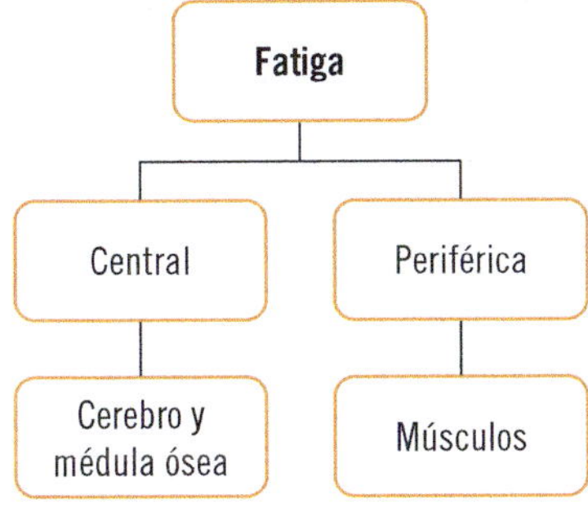

7.3. Mecanismos de fatiga: aspectos hormonales de la fatiga, aspectos inmunitarios de la fatiga y aspectos patológicos de la fatiga

La fatiga puede aparecer a través de diferentes mecanismos debido a los cambios fisiológicos que sufre el sujeto cuando practica ejercicio. Entre ellos, se encuentran los mecanismos metabólicos, que dependen de la intensidad y la duración del ejercicio, de la disponibilidad de sustratos energéticos, de la modificación hormonal y de la contracción y tipos de fibras musculares.

En esfuerzos prolongados de baja intensidad, una obtención de energía predominantemente por vía aeróbica da lugar a la aparición de la fatiga:

- Durante la oxidación de la glucosa plasmática se produce **amonio,** cuya acumulación se asocia con la fatiga.
- El **agotamiento del glucógeno muscular** hace que disminuya la producción de energía (ATP), por lo que se produce la fatiga.
- El entrenamiento con ejercicios moderados y de larga duración aumenta la capacidad de utilizar los ácidos grasos, lo que retrasa el agotamiento de glucógeno muscular y hepático y, en consecuencia, la aparición de la fatiga.

En esfuerzos de alta intensidad, la fatiga se relaciona con:

- El agotamiento de la **enzima creatina fosfoquinasa** en la síntesis de ATP a través del sistema de los fosfágenos y del glucógeno cuando se mantiene la intensidad durante más tiempo.
- La **acumulación de NH_4, H_2** (disminución de ph), de fosfato **inorgánico (Pi) y lactato.**
- Las **alteraciones iónicas,** como el aumento de la concentración de sodio dentro de la célula y el de potasio fuera de ella, afectando la contracción muscular.

Recuerde

El lactato es una sustancia que se genera como consecuencia de la producción de energía por el sistema anaeróbico y que puede reutilizarse en el hígado para volver a obtenerla.

En cuanto a los **aspectos hormonales,** el entrenamiento hace que se produzcan cambios en el sistema endocrino. Las hormonas que principalmente se ven afectadas con el ejercicio físico son:

- Testosterona: aumenta con el ejercicio de alta intensidad y fuerza, aunque puede disminuir si se produce un proceso de fatiga crónica.
- Hormona del crecimiento: eleva sus niveles tanto en ejercicio aeróbico como anaeróbico.
- Somatomedinas: aumenta en ejercicio aeróbico.
- Insulina: disminuye con el ejercicio.
- Catecolaminas: aumenta en ejercicios anaeróbicos.
- Cortisol: aumenta a medida que se incrementa la intensidad. Valores muy individualizados.
- B endorfinas: se incrementa sobre todo en ejercicio de alta intensidad. En procesos de fatiga disminuye su nivel.

Sobre los **aspectos inmunitarios,** existe una supresión de dicho sistema durante las primeras horas tras la práctica del ejercicio; sin embargo, si la fatiga no se mantiene, se puede dar una adaptación. Si se produce fatiga crónica disminuirán tanto el número de células inmunitarias como la efectividad de sus funciones. Los linfocitos aumentan con ejercicios intensos de corta duración y los neutrófilos con ejercicios de larga duración.

Por último, se procede a explicar los **aspectos patológicos.** Son varias las patologías que pueden aparecer en el organismo durante un proceso de fatiga crónica, como por ejemplo:

- Anemia
- Aumento de posibilidad de lesiones
- Dolores de cabeza, musculares y articulares
- Ansiedad y depresión
- Insomnio

No se debe confundir la fatiga producida por el ejercicio con la fatiga asociada a otras enfermedades como alergias, fibromialgia, tiroides, etc.

7.4. Percepción de la fatiga / percepción de la recuperación

La existencia de la fatiga y la recuperación se percibe por el sujeto gracias a la información sensitiva y a la memoria. Hay una buena relación entre la valoración objetiva y la subjetiva.

La medición subjetiva se realiza a través de la **escala de Borg** de fatiga y de recuperación.

La **escala de Borg de fatiga** consiste en presentar al sujeto una escala visual mientras realiza ejercicio para que señale la intensidad del esfuerzo, desde la ausencia de fatiga hasta la extenuación.

La **escala de Borg de recuperación** consiste en presentar al sujeto una escala visual una vez que se finaliza el ejercicio para que señale su sensación de descanso, desde extenuado hasta totalmente recuperado.

ESCALAS DE PERCEPCIÓN SUBJETIVA DE LA FATIGA Y DE LA RECUPERACIÓN			
ESCALA DE FATIGA		ESCALA DE RECUPERACIÓN	
¿Cómo te resultó el trabajo realizado?		¿Cuánto de recuperado estás del trabajo realizado el último día?	
	6		6
Muy, muy ligero	7	Muy, muy cansado	7

Continúa en página siguiente >>

<< Viene de página anterior

ESCALAS DE PERCEPCIÓN SUBJETIVA DE LA FATIGA Y DE LA RECUPERACIÓN			
ESCALA DE FATIGA		**ESCALA DE RECUPERACIÓN**	
¿Cómo te resultó el trabajo realizado?		¿Cuánto de recuperado estás del trabajo realizado el último día?	
	8		8
Muy ligero	9	Muy cansado	9
	10		10
Ligero	11	Cansado	11
	12		12
Algo duro	13	Algo cansado	13
	14		14
Duro	15	Recuperado	15
	16		16
Muy duro	17	Muy recuperado	17
	18		18
Muy, muy duro	19	Muy, muy recuperado	19
	20		20

7.5. Síndrome de sobreentrenamiento: diagnóstico, prevención y tratamiento

El síndrome de sobreentrenamiento o fatiga crónica se relaciona con un deterioro del rendimiento deportivo a corto y a largo plazo que también afecta a la capacidad de recuperación del entrenamiento. Existen diferentes signos o síntomas que afectan a un sujeto sobreentrenado:

- Síntomas fisiológicos:
    - Dolores de estómago.
    - Dolores de cabeza, musculares y articulares.

    - Estreñimiento o diarrea.
    - Pérdida de apetito y masa muscular.
    - Amenorrea.
    - Elevación de la frecuencia cardiaca en reposo.
    - Anemia.
    - Hipoglucemia.
    - Sudoración.
    - Aumento de la posibilidad de lesiones.

- Síntomas psicológicos:

    - Depresión, ansiedad e irritabilidad.
    - Apatía.
    - Insomnio.
    - Cambios en la personalidad.
    - Disminución de la autoestima y de la capacidad de concentración.

- Síntomas hormonales:

    - Descenso de testosterona.
    - Aumento de cortisol.

- Síntomas inmunológicos:

    - Disminución de linfocitos y de la actividad funcional de los neutrófilos.
    - Aumento de la posibilidad de que las enfermedades que se contraigan sean graves.

- Síntomas bioquímicos:

    - Disminución del glucógeno muscular.
    - Disminución de la concentración de hemoglobina, hierro y ferritina.
    - Aumento de la urea plasmática.
    - Disminución de la excreción urinaria de catecolaminas.

- Signos de rendimiento:
  - Disminución del rendimiento deportivo.
  - Aumento del tiempo de recuperación.
  - Disminución de la fuerza muscular, la coordinación y la eficiencia.

Se distinguen dos tipos de sobreentrenamiento en función de cómo manifiesta el sujeto la fatiga producida:

- Sobreentrenamiento simpático. Se observan síntomas de excitación. Por ejemplo:
  - Disminución de peso y apetito.
  - Alteraciones del sueño.
  - Inestabilidad emocional.
- Sobreentrenamiento parasimpático. Se observan síntomas de relajación. Por ejemplo:
  - Hipoglucemia.
  - Bajos niveles de frecuencia cardiaca en reposo, de lactato en sangre y de tensión arterial.
  - Anemia.

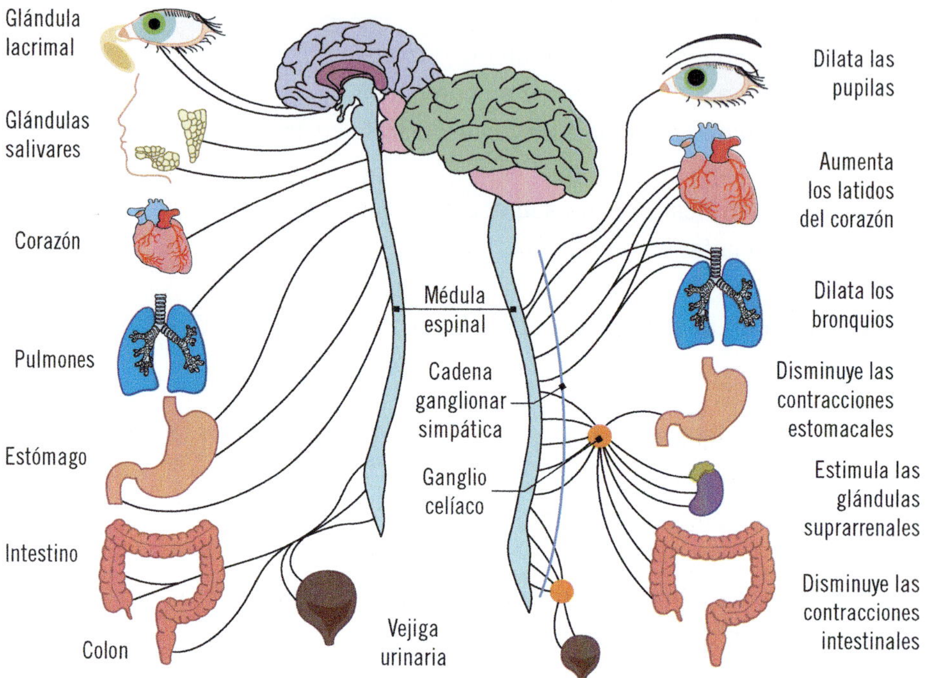

Existen diferentes métodos para diagnosticar el sobreentrenamiento. Los síntomas psicológicos se pueden detectar mediante diferentes test, como el POMS, que controla los estados de ánimo, la escala de Borg de percepción de esfuerzo y recuperación o el test de calidad del sueño. Los síntomas fisiológicos se pueden medir a través de muestras de orina y saliva, la concentración de lactato, la variabilidad de la frecuencia cardíaca, la frecuencia cardíaca basal o la composición corporal.

A través de las muestras de orina y saliva se detectan los niveles de testosterona y cortisol. Entre estas dos sustancias se establece una relación para la detección del síndrome de sobreentrenamiento: la relación testosterona-cortisol.

La vía principal para prevenir el sobreentrenamiento es una planificación adecuada de las cargas y los periodos de compensación. Otros aspectos importantes son la nutrición o someterse a exámenes médicos con regularidad.

La recuperación se puede realizar desde diferentes enfoques: disminución de volumen, intensidad y frecuencia del entrenamiento, variedad en los estímulos o reposo absoluto.

Actividades

11. Durante el proceso de entrenamiento, ¿es conveniente evitar la fatiga?
12. ¿Es la acumulación de lactato un indicador de fatiga en sí mismo? ¿Puede ser utilizado en beneficio del rendimiento físico?

Aplicación práctica

Un atleta especialista en 400 metros lisos lleva dos meses obteniendo tiempos más bajos en las series de entrenamiento. A la semana siguiente se presenta al Campeonato de España, en el que se eligen a los cuatro mejores atletas para acudir al Campeonato de Europa, y realiza un tiempo de 3 segundos por encima de su marca personal. Indique qué vías energéticas utiliza el atleta predominantemente según las características de la prueba y qué factores limitan el rendimiento. ¿Está el sujeto sobreentrenado? ¿Cómo actuaría?

SOLUCIÓN

La prueba se realiza a alta intensidad durante un tiempo superior a 6 segundos e inferior a 2 minutos; por lo tanto, aunque se activen todas las vías energéticas, el sistema que predomina es el de glucólisis anaeróbica. La glucólisis anaeróbica produce una acumulación de lactato durante ese tiempo que es el principal limitador del rendimiento.

El descenso del rendimiento es el primer indicador del sobreentrenamiento; sin embargo, es necesario medir otros indicadores para poder confirmarlo, incluyendo en la planificación del entrenamiento más periodos de compensación además de un descenso de volumen, intensidad y densidad del entrenamiento.

8. Bases biológicas de la recuperación

El ejercicio físico conlleva un estímulo que altera el estado de equilibrio del organismo; si este ejercicio se repitiese de forma continua, el cuerpo humano caería en el agotamiento.

Un síntoma claro de la necesidad de recuperación o de la falta de forma física es la aparición del dolor muscular tardío (DOMS en inglés o agujetas), que puede durar desde el momento inmediatamente posterior al ejercicio hasta 72 horas después. Los mecanismos de fatiga que lo producen son varios y atienden a factores metabólicos, mecánicos, inflamatorios y nerviosos. A continuación, se detallan los siguientes:

- Pequeños desgarros musculares que desencadenan la liberación de unas sustancias químicas y afectan al sistema nervioso.
- Retenciones de líquidos que originan inflamaciones en el músculo.
- Espasmos musculares o calambres derivados de la actividad.
- Deterioro de la estructura de las fibras musculares.

La recuperación es determinante si se quieren restablecer las condiciones óptimas para el desarrollo de las funciones de los distintos órganos y tejidos. Por ello, entre sus cometidos más destacados se encuentran:

- Normalizar todas las funciones.
- Restaurar los niveles energéticos mediante un periodo temporal de supercompensación.
- Normalizar el equilibrio homeostático.
- Reconstruir las estructuras celulares y el sistema enzimático.
- Recomponer las rupturas de las estructuras musculares.

8.1. Medios y métodos de recuperación

Con la finalidad de aplicar cargas externas sucesivas, es necesario determinar descansos en el proceso de entrenamiento, tanto durante la realización del ejercicio como después.

La recuperación **intrasesión** está determinada por la organización de la sesión de entrenamiento, que juega un papel importante y que consta de tres partes: inicial, principal y final. Esto permite que el nivel de fatiga propuesto no impida realizarla de manera completa.

Del mismo modo, la recuperación **intersesión** restablece los niveles del sistema ATP-PC, de la glucólisis anaeróbica y del sistema aeróbico. Por otra parte, el objetivo de la sesión marca los requerimientos de la recuperación, se conoce en forma de estimaciones generales que pueden variar según la edad, nivel de condición física, genética, nutrición, y otros factores individuales entre los siguientes parámetros de tiempo:

- Hipertrofia: 48-72 horas.
- Fuerza Máxima: 72-96 horas.
- Fuerza-Resistencia: 24-48 horas.
- RFD *(Rate of Force Development* - Tasa de Desarrollo de Fuerza): 12-48 horas.

Recuerde

La aparición de agujetas se previene respetando los tiempos de recuperación intrasesión e intersesión. Aun así, son indicadores del efecto de adaptación al ejercicio.

Los métodos de recuperación han de ser variados. A continuación, se detallan algunos de los más relevantes:

- La reposición de líquidos antes, durante y después del ejercicio. Este punto se tratará en los apartados posteriores.
- La realización de ejercicios de relajamiento que disminuyan la actividad simpática provocada por el esfuerzo. Actividades de baja intensidad y volumen, estimulación de estimulación parasimpática como estiramien-

tos pasivos, andar, ejercicios para restablecer el ritmo respiratorio, son importantes tras la parte principal de la sesión.

- La ingesta de alimentos en función de la intensidad del ejercicio realizado entre los 30 minutos y 2 horas siguientes al cese de la actividad, como pauta general.
- Aplicación de frío de forma general con una ducha, o de manera específica, aplicando bolsas de hielo en las zonas afectadas para regular la hipertermia y evitar el efecto inflamatorio del ejercicio. Al usar el hielo es conveniente evitar el contacto directo con la piel y no superar los 10-15 minutos de aplicación con el fin de prevenir quemaduras.
- Los masajes proporcionan un aumento de flujo sanguíneo en la zona tratada, con el consecuente efecto termorregulador. Además, relaja la musculatura deteriorada tras el ejercicio y produce un efecto psicológico positivo sobre la tensión, la fatiga y el vigor.

Actividades

13. Ante la torcedura de un tobillo, ¿qué método de recuperación se aplicaría y de qué forma?

Aplicación práctica

Antonio tiene que superar mañana un examen práctico en su clase de educación física. Al ser chico debe realizar al menos 30 fondos, comúnmente conocidos como flexiones de brazos, en un minuto. Para ello, se está ejercitando en casa realizando un minuto de ejercicio por uno de descanso hasta cuatro veces; sin embargo, en los tres últimos intentos no consigue su objetivo. ¿A qué se debe principalmente este hecho y cómo se puede remediar? ¿Qué consecuencias podría tener este tipo de entrenamiento para el día del examen?

Continúa en página siguiente >>

<< Viene de página anterior

SOLUCIÓN

Antonio no puede alcanzar el objetivo debido a la aparición de fatiga principalmente por factores periféricos (cansancio muscular en los brazos). Este agotamiento se debe a la falta de recuperación durante el entrenamiento (intrasesión).

La principal consecuencia puede ser la aparición de dolor muscular tardío y su posible perjuicio el día del examen debido a la falta de recuperación intersesión.

---

9. El equilibrio hídrico

El cuerpo humano está compuesto en gran medida por agua, que representa aproximadamente un 70 % del peso corporal. Este hecho la hace indispensable para llevar a cabo multitud de funciones dentro del organismo.

El equilibrio hídrico es la relación entre el agua incorporada y el agua perdida. Los aportes de agua se realizan a través de la ingesta de líquidos, alimentos y productos de reacciones metabólicas. Las pérdidas se efectúan a través de los productos de desecho (orina y heces), la piel y el aire expirado.

Aunque los niveles de agua permanezcan relativamente estables, la suma del ejercicio con unas condiciones externas desfavorables afecta a dicho equilibrio. Las consecuencias de no realizar un ajuste adecuado entre los aportes y las pérdidas de agua durante el ejercicio tienen especial efecto sobre la termorregulación, ya que imposibilita refrescar las altas temperaturas internas del organismo, así como sobre el gasto cardíaco, ya que el trabajo cardíaco aumenta para movilizar una sangre más densa por todo el aparato circulatorio.

Los trastornos derivados del desequilibrio hídrico en ambientes calurosos pueden variar desde los simples calambres musculares o insolaciones hasta un golpe de calor con consecuencias fatales.

Recuerde

Los efectos principales de la pérdida de agua en el organismo son la imposibilidad de rebajar la temperatura interna durante el ejercicio y la sobrecarga de trabajo para el corazón.

9.1. Suplementos y fármacos

Las necesidades de vitaminas y minerales aumentan cuando se realiza ejercicio; sin embargo, esto no significa que sea necesario tomar suplementos, ya que si no existe ningún déficit con una dieta equilibrada es suficiente.

A pesar de ello, en ejercicios de resistencia se debe realizar una reposición hídrica antes, durante y tras la actividad. La bebida no debe ser simplemente agua porque en la sudoración también se pierden electrolitos, unas sustancias que, en solución, conducen la corriente eléctrica. Los electrolitos más importantes en el organismo son el sodio, el potasio y el cloro.

Por lo tanto, las soluciones a ingerir cuando se realizan ejercicios de resistencia deben contener agua, electrolitos e hidratos de carbono para aportar energía.

Actividades

14. Después de realizar un Ironman, prueba de triatlón que consiste en 3,86 km de natación, 180 km de ciclismo y 42,2 km de maratón, ¿es suficiente mantener el equilibrio hídrico a través de la ingesta de agua?

10. Termorregulación y ejercicio físico

La pérdida o ganancia de calor es una cuestión importante para que el organismo mantenga constante la temperatura, hasta tal punto que si la termorregulación no cumpliera sus funciones adecuadamente, las consecuencias podrían derivar en la muerte.

10.1. Mecanismos de regulación

En **ambientes fríos** se han de alcanzar dos objetivos: disminuir la pérdida de calor y aumentar su producción.

La vasoconstricción de los conductos del aparato circulatorio permite redirigir el flujo sanguíneo caliente hacia las zonas centrales con el consecuente enfriamiento de la piel, lo que provoca una menor diferencia de su temperatura con respecto a la del exterior.

La termogénesis se lleva a cabo a través de las reservas energéticas, de las acciones musculares voluntarias e involuntarias y de la liberación de tiroxina, la hormona tiroidea que aumenta el metabolismo basal al torrente sanguíneo.

El resultado del aumento metabólico durante el ejercicio condiciona la regulación de la temperatura en **ambientes cálidos.** El enfriamiento corporal se lleva a cabo por radiación, conducción, convección y evaporación.

La transmisión por radiación se ejerce desde el objeto con mayor temperatura hacia el de menor. Normalmente, el cuerpo humano se encuentra a mayor temperatura que el entorno, pero cuando los ambientes son calurosos este proceso se invierte.

En las zonas centrales corporales la temperatura es mayor a la periferia, de forma que el calor se libera a través de la sangre y los tejidos profundos hasta la piel mediante la conducción.

El aire cercano a la piel se calienta debido a que no existen corrientes por convección. En el caso del movimiento corporal o con corrientes de aire el efecto es el contrario, ya que se enfrenta una temperatura corporal más alta que la del entorno, reemplazando el aire que ya se ha calentado.

Por último, el mecanismo más importante es la evaporación del agua del organismo por dos puntos: el primero, a través de los conductos del aparato respiratorio, que se hace más palpable en ambientes fríos, con vaho; el segundo, por parte del agua que se transfiere a la piel, especialmente a través de la sudoración, un proceso que enfría la piel al evaporarse dicho sudor, provocando que la circulación sanguínea pierda calor y se refresquen las zonas más centrales.

Este último mecanismo cobra especial importancia en los ambientes más cálidos, ya que este tipo de entornos inhiben o aprovechan los otros mecanismos para transferir calor hacia el organismo.

Recuerde

Un alto porcentaje de humedad relativa en el ambiente es un condicionante a la hora de realizar ejercicio.

10.2. Vasodilatación y sudoración

La vasodilatación, unida al aumento de gasto cardíaco, hace llegar a la sangre a las zonas más distales para hacer efectiva la pérdida de calor por radiación. Como consecuencia de ello, la cara enrojece durante la práctica de un ejercicio intenso.

A su vez, la sudoración alcanza una relación directa con el esfuerzo físico, aunque comienza más tarde. El éxito es mayor cuanta más superficie de la piel adquiera el calor que proporciona el flujo sanguíneo.

Recuerde

La sudoración permite enfriar la piel; para ello se aumenta el flujo sanguíneo hasta las zonas distales, consiguiendo así una regulación de la temperatura de la sangre al aproximarse a la piel.

10.3. Consecuencias secundarias de la sudoración

Es necesario tener en cuenta las condiciones externas y el tiempo durante el que se prolonga el ejercicio físico, ya que la deshidratación causada por el sudor y la fatiga acumulados en las glándulas sudoríparas puede inhibir los efectos de la evaporación.

Además, el aire y la piel húmeda presentan niveles de presión similares en condiciones de humedad, lo que perjudica a la evaporación. Esto desencadena una pérdida de agua corporal (deshidratación) sin refrigerar la temperatura interna.

El sistema endocrino participa en la termorregulación de forma especial al regular la sal y el agua expulsadas por el sudor, principalmente a través de las hormonas vasopresina (ADH) y aldosterona. La función de la primera es producir una orina más concentrada por la extracción de agua de los túbulos renales, y la segunda actúa de la misma forma sobre el sodio y las glándulas sudoríparas.

Consecuencias derivadas de la sudoración

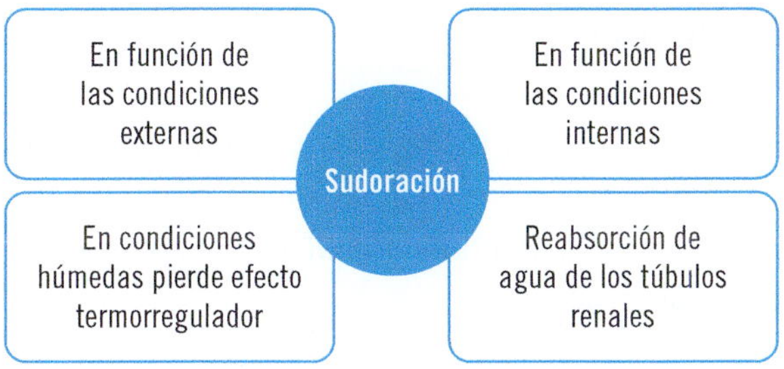

10.4. Otros mecanismos de pérdida de calor

La ropa que se utiliza es un mecanismo externo que ha de tenerse en cuenta a la hora de realizar la actividad física. Como norma general, actúa como aislante del cuerpo para evitar absorber calor del exterior por radiación o perderlo mediante convección y conducción.

En ambientes fríos es más efectivo vestir un mayor número de prendas finas que una sola prenda gruesa. En ambientes húmedos, los tejidos han de proporcionar, además, una capa externa que aísle la piel sudada del aire exterior (ropa seca), con capas internas que se humedezcan para favorecer la transferencia de calor del cuerpo por la pérdida del aislamiento (ropa húmeda).

Así, dado que la ropa húmeda favorece la transmisión de calor desde el cuerpo hacia el entorno, las prendas de algodón se presentan como las idóneas para practicar ejercicio físico en ambientes calurosos.

Las ropas ajustadas no favorecen la convección del aire con la piel, y en cuanto a los colores, cuanto más oscuros, mayor calor por radiación absorben.

Sabía que...

En ambientes húmedos, cambiar la camiseta mojada de sudor por otra seca tiene efectos negativos sobre la termorregulación.

10.5. Diferencias de sexo

Atendiendo a las diferencias biológicas, se aprecian situaciones distintas a la hora de hacer efectiva la termorregulación, si bien de cara al rendimiento físico el estado de forma y la aclimatación al medio son más relevantes que la determinación del propio sexo.

Las mujeres emplean menos la regulación de la temperatura a través del sudor, lo que conlleva un menor riesgo de sufrir deshidratación en esfuerzos prolongados, y también presentan una mayor superficie corporal en relación con el peso frente a los hombres, lo que favorece el intercambio de calor por los mecanismos de radiación, conducción y convección.

Por otra parte, el ciclo menstrual altera el equilibrio térmico a causa de hormonas como la progesterona o los estrógenos, lo que hace fluctuar la temperatura, aumentar el trabajo cardíaco y posiblemente la sudoración.

Actividades

15. ¿Es el sudor un mecanismo de termorregulación?
16. Para realizar ejercicio físico en ambientes fríos, ¿por qué se produce la tiritona?
17. ¿Es la termorregulación más efectiva en alguno de los dos sexos? ¿Siguen los mismos mecanismos?

Aplicación práctica

Es verano y cuatro amigos han quedado para jugar un partido de pádel en las instalaciones de su localidad. La hora de inicio se ha fijado a las 20:30 h, en una instalación que se encuentra bajo techo. ¿Cuáles son los riesgos potenciales y qué ropa aconsejaría que utilizara? ¿Sería conveniente llevar ropa de recambio para sustituirla cuando la otra se humedezca?

SOLUCIÓN

El ejercicio que se propone tiene riesgos sobre el equilibrio hídrico, ya que la pérdida de líquidos a través de la sudoración puede ser menos efectiva por no existir corrientes de aire. Esto puede tener consecuencias negativas sobre la termorregulación.

La ropa más indicada serían tejidos de algodón que permitan dejar al descubierto gran parte de la superficie corporal.

Continúa en página siguiente >>

<< Viene de página anterior

No sería conveniente llevar ropa de recambio para sustituirla cuando la otra se humedezca debido a que la ropa seca retrasa el enfriamiento del sudor.

---

11. El equilibrio hídrico: rehidratación y ejercicio físico

La sed no es una alarma eficiente como síntoma de deshidratación, cuando aparece ya se considera que la deshidratación alcanza un 2 %. Por lo tanto, es necesario introducir una ingesta de líquidos de forma programada con el objeto de reponer las pérdidas de líquido para completar sus funciones, especialmente la circulación y la sudoración.

La absorción de los líquidos se realiza en los intestinos previo paso por el estómago, cuyo vaciado se realiza con mayor rapidez atendiendo a estas características (McArdle y col, 2004):

- Las bebidas frías (5 ºC).
- A mayor volumen en el estómago, mejor vaciado. Por ello, es recomendable ingerir entre 400-600 ml antes del ejercicio e ir reponiendo cada 15 min entre 150-250 ml durante el mismo.
- Bebidas con una concentración entre un 5-8 % de hidratos de carbono y electrolitos no afectan tanto al vaciado gástrico como otras con mayores concentraciones.

Recuerde

Los procesos adaptativos, funcionales y estructurales, tienen lugar en la fase de recuperación, por ello, si el sujeto no descansa, no recupera y si no recupera, irá aumentando la fatiga, con el riesgo que ello supone.

Para terminar este apartado es conveniente citar la intoxicación por exceso de agua. Este hecho, más común en ejercicios mantenidos de gran duración, tiene lugar cuando las ingestas de líquidos son muy abundantes y la sudoración es excesiva, provocando un descenso del sodio extracelular, lo que puede llegar a provocar un edema cerebral en casos extremos y, en consecuencia, el coma o la muerte.

Actividades

18. ¿Es la sed un buen indicador para hidratarse?

12. Resumen

La organización del cuerpo humano responde de forma integral a las demandas del ejercicio físico. El sistema circulatorio transporta por el organismo los nutrientes adquiridos a través de los aparatos respiratorio y digestivo, y de esta forma el sistema muscular obtiene la energía para movilizarse gracias a los puntos de apoyo y palancas que ofrecen el sistema óseo y el articular. El sistema nervioso es el que controla todas estas misiones y la respuesta final.

Los músculos son el motor del movimiento y en ellos se distinguen tres tipos de fibras: Tipo I o lentas, Tipo IIa o intermedias, y Tipo IIx o rápidas. Están unidos a los huesos por los tendones, y en función del tipo de articulación originan distintos grados de movimientos en los planos y ejes.

Por otra parte, el transporte de oxígeno es posible debido a la menor presión parcial de oxígeno del aire ambiental frente a la del aire interior. De forma mecánica, el diafragma y la estructura torácica facilitan el llenado y vaciado de los pulmones.

El corazón bombea la sangre por todo el complejo circulatorio y su potencial de mejora con el entrenamiento lo hace una pieza indispensable para aumentar el rendimiento. A su vez, el concepto de gasto cardíaco sirve como ayuda para planificar y prevenir riesgos durante el ejercicio.

En cuanto al sistema nervioso central, es necesario destacar su jerarquización y su capacidad para provocar respuestas autónomas, como los reflejos. Los sistemas periféricos simpático y parasimpático modulan las acciones para ajustarlas al entorno.

Los sistemas de producción de energía que actúan de forma continua son tres, y en función del tiempo y la cantidad de energía necesaria responden con mayor o menor relevancia.

La fatiga es un efecto que provoca diferentes estímulos en el organismo. Es necesaria y su identificación atiende a distintos mecanismos que se pueden localizar de forma central o periférica. Un estado prolongado de fatiga puede desembocar en el síndrome de sobreentrenamiento.

La recuperación es un aspecto esencial que completa la adaptación en el ejercicio físico. Los distintos medios y métodos facilitan y amortiguan el efecto inflamatorio y dañino del ejercicio.

Para llevar a buen fin el ejercicio es esencial la termorregulación. Mantener estable la temperatura interna adquiere una importancia vital, pues el efecto principal de la actividad física es aumentar dicha temperatura. Debido a la alta composición de líquido (agua y otros) en el cuerpo humano, el equilibrio entre las pérdidas y la ingestión de líquidos es de vital importancia. El tipo de ambiente, acompañado de una adecuada rehidratación y equipamiento, propiciará asimismo distintos mecanismos de respuesta.

Ejercicios de repaso y autoevaluación

1. De las siguientes frases, indique cuál es verdadera o falsa.

a. Todos los planos dividen el cuerpo en dos partes y contienen un eje sobre el que realiza el movimiento.

- ☐ Verdadero
- ☐ Falso

b. El plano frontal contiene el eje transversal y el plano sagital contiene el eje longitudinal.

- ☐ Verdadero
- ☐ Falso

c. La vuelta hacia delante se realiza en el plano sagital y en el eje longitudinal.

- ☐ Verdadero
- ☐ Falso

2. Complete los siguientes espacios con palabras:

Los huesos del cuerpo son ______, _______, _______ y sesamoideos. La parte del centro se llama ______________ y los extremos ___________. El esternón es un ejemplo de hueso ___________, el húmero es un ejemplo de hueso ___________ y los huesos del carpo, de los __________.

3. Indique los tipos de fibras musculares y cuáles son sus características.

____
____
____
____

4. De las siguientes frases, indique cuál es verdadera o falsa.

a. El recto anterior, el oblicuo interno y el oblicuo externo se encargan principalmente de la flexión de la columna vertebral.

- ☐ Verdadero
- ☐ Falso

b. El movimiento de abducción o separación de la cadera lo realizan los músculos aductores mayor, mediano y menor.

- ☐ Verdadero
- ☐ Falso

c. La pronación y supinación se realizan en el miembro superior, principalmente por los músculos del brazo.

- ☐ Verdadero
- ☐ Falso

5. Aparte de la acción de los músculos, ¿gracias a qué puede realizar la columna vertebral los movimientos de flexo-extensión, lateralización, rotación y circunducción (flexo-extensión y lateralización)?

____

____

____

____

6. Indique cuál de las siguientes afirmaciones es la correcta:

a. Durante la inspiración, el diafragma asciende, por lo que la caja torácica se expande; sin embargo, durante la espiración, el diafragma desciende y por ende la caja torácica recupera su posición inicial.
b. Durante la inspiración, el diafragma desciende y, en consecuencia, la caja torácica se expande; sin embargo, durante la espiración el diafragma se relaja y, por lo tanto, la caja torácica recupera su posición inicial.

7. ¿Qué es la reserva de la frecuencia cardíaca y qué implica su aumento?

____
____
____
____

8. Relacione las siguientes respuestas del sistema nervioso autónomo simpático:

a. Contractibilidad cardíaca
b. Motilidad digestiva
c. Flujo sanguíneo
d. Sudoración

__ Disminuye
__ Aumenta

9. ¿Cuál es el concepto de consumo máximo de oxígeno y cuáles son sus siglas?

____
____
____
____

10. ¿Qué consecuencia tiene el entrenamiento de ejercicios moderados y de larga duración?

____
____
____
____

11. De las siguientes frases, indique cuál es verdadera o falsa.

a. En ejercicios de alta intensidad no se elimina el lactato, producto de la glucólisis anaeróbica, lo que induce a la fatiga.

- ☐ Verdadero
- ☐ Falso

b. La escala de fatiga de Borg permite valorar el estado de fatiga tras un ejercicio o un entrenamiento.

- ☐ Verdadero
- ☐ Falso

c. Existen dos tipos de sobreentrenamiento: simpático y parasimpático.

- ☐ Verdadero
- ☐ Falso

12. ¿En qué consisten las comúnmente denominadas agujetas? ¿Cuánto pueden durar?

____

____

____

____

13. Complete los siguientes espacios con palabras:

Los masajes proporcionan un ____________ de flujo ____________ en la zona masajeada, con su consiguiente efecto ____________. Además, relaja la ____________ que se encuentra deteriorada tras el ejercicio. Poseen un efecto ____________ positivo sobre la tensión, la fatiga y el vigor.

14. ¿Cuáles son las consecuencias de no realizar un adecuado equilibrio hídrico durante el ejercicio?

15. Enumere las formas de pérdida de temperatura interna por parte del organismo.

Capítulo 2

Análisis e interpretación de datos

Contenido

1. Introducción
2. Aplicación del análisis de datos
3. Modelos de análisis
4. La interpretación de datos obtenidos en los distintos test, pruebas y cuestionarios
5. Análisis diagnóstico para la elaboración de programas de entrenamiento
6. Resumen

1. Introducción

El avance de las ciencias de la actividad física y del deporte ha proporcionado una progresión de los métodos y evaluaciones en los programas de ejercicio, evitando un desarrollo a ciegas del entrenamiento.

Traducir la realidad a datos para establecer conclusiones conlleva varios pasos: primero, se deben plantear problemas identificando los aspectos que se desean medir; después se deben ejecutar dichas mediciones minimizando los errores de método y precisión para posteriormente realizar un análisis del que extraer conclusiones que solucionen los problemas inicialmente planteados.

Por otra parte, la interrelación entre los diferentes aspectos que influyen en el ejercicio, como la antropometría, la fisiología, la física, la psicología, la nutrición, la medicina, la fisioterapia, etc., da lugar a orientar el análisis en base a todas estas perspectivas, por lo que el apoyo en estas otras ciencias necesario para determinar soluciones a problemas multifactoriales a través de evaluaciones de factores de riesgo y estilo de vida.

La ordenación y el tratamiento de los datos requieren una metodología específica en función de su naturaleza, y en este sentido tanto la estadística como las herramientas ofimáticas proporcionan un entorno inmejorable para interpretarlos.

En conclusión, la prescripción del ejercicio se ha de realizar teniendo en cuenta todos los parámetros analizados y respondiendo a las expectativas del sujeto. Es importante combinar los distintos componentes del ejercicio físico, tales como el tipo de actividad y sus muchas clasificaciones, la carga externa, la periodización o los criterios de progresión, para configurar programas de entrenamiento.

Por último, existe en la actualidad una amplia oferta de actividades en los centros deportivos con diferentes orientaciones para que el cliente seleccione y participe en aquellas que satisfagan sus demandas, aunque no hay que olvidar que todos los planteamientos han de realizarse de forma individual y específica para cada persona.

2. Aplicación del análisis de datos

La actividad física de forma secuenciada y ordenada da lugar al ejercicio físico, un proceso del que se pueden obtener multitud de datos atendiendo a la gran diversidad de variables, que pueden ser objeto de medida en función de la finalidad que se pretende conseguir a través de la realización del propio ejercicio.

Por lo tanto, antes de plantear un programa de ejercicio físico es necesario conocer las aptitudes físicas de los sujetos, su estilo de vida y su historial clínico para adaptar dicho programa a las características del grupo o de la persona y obtener así un análisis previo al comienzo de la actividad.

Del mismo modo se pueden recoger datos para captar información de las adaptaciones derivadas del programa de ejercicio. Esto permitirá una retroalimentación para los sujetos al comparar los resultados con los valores iniciales y con baremos específicos, pero también para el propio programa valorando la relación causa-efecto con respecto a los objetivos propuestos.

En consecuencia, para conocer los efectos del ejercicio es necesario realizar pruebas o test, que son los procedimientos encaminados a la obtención de las mediciones de los datos. Existen diferentes test que proporcionan diferentes valores para el mismo parámetro, por lo que hay que realizar una elección adecuada teniendo en cuenta las características de los sujetos analizados y los materiales de los que se disponen.

A la hora de realizar las mediciones, todos los test o pruebas deben incluir necesariamente ciertos requisitos:

- Validez. La medición debe ajustarse al objetivo planteado.
- Fiabilidad. Los datos se repiten en situaciones diferentes.
- Objetividad. Estandarizar las condiciones de la medición.
- Precisión. Reducir error en la medida.
- Aplicabilidad e interpretación fácil.
- Respeto por los derechos humanos.

Los resultados obtenidos requieren un procesamiento que permita su clasificación y comparación; es decir, un análisis que extraiga conclusiones. El propósito de la recolección de datos es aportar información que satisfaga los siguientes objetivos:

- Evaluar el estado inicial permitiendo identificar y excluir sujetos con limitaciones.
- Determinar un programa personal y óptimo de actividad física.
- Comprobar el efecto que ha producido un programa de ejercicio físico en el sujeto.
- Baremar y conocer niveles de condición física apropiados para alcanzar una buena calidad de vida en función de los rangos de edad y sexo.

Actividades

1. ¿Qué determina la validez de una medición?

3. Modelos de análisis

El análisis de los datos está orientado a dar respuesta a los objetivos propuestos y a las mediciones pertinentes; por ello, es posible enfocar dicho análisis desde una perspectiva individual teniendo en cuentas diferentes parámetros: antropométricos, aptitud física, fisiológicos y psicológicos o comportamentales.

Existen baterías de test que engloban diferentes pruebas para valorar las características antropométricas y las cualidades físicas, e incluso se han adaptado a distintas poblaciones, como es el caso de la batería EUROFIT para niños y para adultos, la baterías de Pruebas ACSM (Colegio Americano de Medicina del Deporte), FITNESSGRAM para entornos escolares, o Batería de Pruebas Senior Fitness Test (SFT) especialmente diseñada para adultos mayores.

3.1. Valoración antropométrica

La medición de parámetros antropométricos permite conocer valores de las características corporales de los sujetos, por lo que se obtiene de forma directa:

- El **peso,** con la balanza.
- La **talla,** con el tallímetro.
- La **envergadura.** Se mide de punta a punta del dedo corazón con el sujeto colocado frente al tallímetro.
- Los principales **diámetros** se miden con un pie de rey y son:
    - Biestiloideo (muñeca). La distancia entre las apófisis estiloides del radio y del cúbito. Se mide con brazo en pronación y la muñeca flexionada 90 grados.
    - Bicondíleo del fémur. La distancia entre los cóndilos interno y externo del fémur. Se mide con el sujeto sentado con la rodilla flexionada 90 grados.
- Los principales **perímetros** se miden con cinta métrica y son:
    - Cintura. Se realiza a la altura del ombligo.
    - Cadera. Se realiza alrededor de las nalgas.
    - Brazo relajado o brazo contraído. En la zona media.
    - Pierna. En la zona media.
- Los valores de los **pliegues cutáneos** se obtienen con un plicómetro:
    - Tricipital. En la parte posterior interna del brazo, a media distancia entre el hombro y el codo.
    - Bicipital. A la misma altura que el tricipital, pero en la parte anterior.
    - Subescapular. Debajo del omóplato.
    - Suprailíaco. Lateralmente, encima del hueso de la cadera.
    - Abdominal. En la parte delantera de la barriga, a la altura del ombligo.
    - Muslo. Sentado en la zona media del muslo.
    - Pierna. Sentado en la zona interna del gemelo.

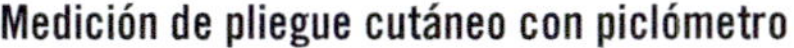
Medición de pliegue cutáneo con piclómetro

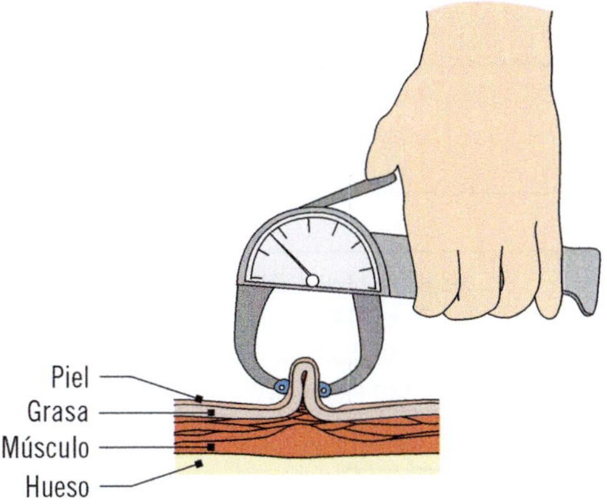

Por otro lado, la **estimación indirecta** a través de la aplicación de fórmulas matemáticas a las distintas mediciones proporciona los valores de composición corporal.

La composición corporal por bioimpedancia

La impedanciometría mide la capacidad del organismo para conducir la corriente eléctrica. Aporta los valores de masa grasa y masa libre de grasa (muscular, celular, extracelular y agua corporal total).

Paciente	Fecha	Edad	Altura
---	---	21 Años	172 cm

Peso	68,80 kg (100,0 %)
Masa grasa	9,70 kg (14,10 %)
Masa libre de grasa	59,10 kg (85,90 %)
Agua corporal	43,30 kg (62,94 %)

Tronco

Peso	M.G.	M.L.G.	Agua	Músc.
53,6 %	60,8 %	52,5 %	52,9 %	52,9 %

Relativos a cada compartimento.

Brazo derecho

Peso	M.G.	M.L.G.	Agua	Músc.
6 %	6,2 %	5,9 %	6 %	5,8 %

Relativos a cada compartimento.

Brazo izquierdo

Peso	M.G.	M.L.G.	Agua	Músc.
5,7 %	6,2 %	5,6 %	5,6 %	5,5 %

Relativos a cada compartimento.

Pierna derecha

Peso	M.G.	M.L.G.	Agua	Músc.
17,6 %	13,4 %	18,3 %	18,4 %	18,2 %

Relativos a cada compartimento.

Pierna Izquierda

Peso	M.G.	M.L.G.	Agua	Músc.
17,2 %	13,4 %	17,8 %	17,9 %	17,5 %

Relativos a cada compartimento.

Modelo de informe proporcionado por la bioimpedancia donde aparecen porcentajes de Masa Grasa (M.G.), masa libre de grasa (M.L.G.) y músculo (Músc.).

La composición corporal por talla, peso, pliegues y diámetros

El análisis de la composición corporal origina valores referentes a la proporción de los distintos componentes que forman el organismo, principalmente la masa grasa y la masa muscular. La obtención de dicha proporción requiere el cálculo de las siguientes fórmulas.

Autor	Parámetro	Fórmula
Faulkner	% grasa	= (suma de 4 pliegues* x 0,153) + 5,783
Yuhasz	% grasa	= (suma de 6 pliegues** x 0,1051) + 2,585
Rocha	Masa ósea	= 3,02 x (talla² x diámetro muñeca x diámetro fémur x 400)^0712
Wurch	Masa residual	Hombres → = peso x 24,1/100 Mujeres → = peso x 20,9/100
Matiegka	Masa muscular	= Peso total – (masa grasa + masa ósea + masa residual)

** Tríceps, subescapular, suprailíaco y abdominal.*

*** Tríceps, subescapular, suprailíaco, abdominal, muslo y pierna.*

Actividades

2. ¿Qué diferencia una medición de una estimación indirecta?

3.2. Valoración de la aptitud física

La evaluación de la aptitud física determina el nivel de cada una de las capacidades físicas. Esta valoración puede ser muy heterogénea debido a la gran cantidad de pruebas que existen. Los principales parámetros a medir son:

- El tiempo.
- La distancia.

- La fuerza. F = masa x aceleración.
- El trabajo. W = fuerza x desplazamiento.
- La potencia. P = fuerza x velocidad.
- La velocidad. V = espacio / tiempo.

La aplicación de los distintos test da lugar a los valores expresados en los diferentes factores expuestos anteriormente; sin embargo, es difícil obtener instrumentos de medición en valoraciones cotidianas, por lo que los datos de tiempo, distancia y número de repeticiones son un recurso importante para realizar las evaluaciones de manera práctica y sencilla.

En el levantamiento de pesas, la repetición máxima (RM) es aquel peso que el sujeto puede movilizar una vez. El cálculo del porcentaje de repetición máxima (% 1RM) permite estimar la carga interna que supone una carga externa para el sujeto. Gracias a la fórmula de Brzyki se puede estimar en qué porcentaje de RM se ejecuta el trabajo, pero se pierde fiabilidad si las repeticiones máximas están por encima de 10.

$$\% \ 1RM = 102{,}78 - 2{,}78 \times n^{o} \text{ repeticiones}$$

A partir de esta ecuación, de forma general, se establece el número de repeticiones para cada porcentaje de carga externa.

% RM	100	95	90	85	80	75-70	60	50
Nº repet.	1	2-3	4	6	8-10	10-13	14-20	25-40

Otras mediciones comunes en la valoración de la fuerza son las distancias o alturas alcanzadas en saltos o lanzamientos o el número de repeticiones de un ejercicio en un tiempo determinado, como por ejemplo el número de fondos realizados en 1 minuto.

Existen circuitos muy extendidos para aspectos como la agilidad y la coordinación, que se basan en la medición del tiempo que se tarda en realizarlos. En la valoración de la flexibilidad y movilidad, se mide el rango de movimiento de las articulaciones a través de diferentes test, como por ejemplo la flexibilidad de la cadera y el tronco del Test de Adams, o la movilidad general de las articulaciones del cuerpo mediante la rotación interna-externa de las articulaciones de hombro y cadera, flexión lateral del tronco, flexión rodilla o flexión plantar, entre otros. El equilibrio se puede valorar de forma estática, por ejemplo con el test de equilibrio estático monopodal sin visión, o de forma dinámica, como en el caso del test *Timed, Up and Go.*

Actividades

3. Enumere cinco test o pruebas de evaluación de la aptitud física de fácil aplicación y con pocas necesidades materiales.

3.3. Valoración fisiológica

Si bien son muchos los parámetros a medir desde el punto de vista fisiológico, el costoso aparataje y la especialización dificultan la evaluación; por lo tanto, utilizar procesos útiles y factibles se convierte en una prioridad.

Como se detalla en el capítulo anterior, la evaluación de la **frecuencia cardíaca** es un parámetro sencillo y fácil de medir, bien de forma manual, bien a través de pulsómetros. Gracias a las estimaciones de la frecuencia cardíaca máxima se conoce la carga interna que presenta el estímulo, y además es interesante establecer comparaciones en la evolución de la reserva de frecuencia cardíaca como consecuencia de la realización del ejercicio físico.

En lo referente al **consumo máximo de oxígeno,** se puede medir de forma directa en una prueba de esfuerzo, se puede estimar de forma teórica o bien mediante diversos test que relacionan la distancia recorrida con otros parámetros como la edad, el género, etc.

Por un lado se encuentra el consumo máximo de oxígeno teórico, donde se conjugan la estatura en centímetros, el peso en kilogramos, la edad en años y las horas de actividad física a la semana:

Hombres = (0,025 x estatura - 0,023 x edad + 0,019 x peso+ 0,15 x hAFsem. - 2,32) x 1000 / peso

Mujeres = (0,025 x estatura - 0,023 x edad - 0,542+ 0,019 x peso + 0,15 x hAFsem. -2,32) x 1000/ peso

Por otro lado, el consumo máximo de oxígeno estimado en ejercicio:

Prueba	**Fórmula**
Course-Navette	= 31,025 + 3,238 x palier - 3,248 x edad + 0,1536 x edad x palier
Cooper	= (distancia - 504,1) / 44,99 = 0,0268 x distancia - 11,3
Step	Hombres → = 111,33 - (0,42 x FC) Mujeres → = 65,81- (0,1847 x FC)
UKK Walking	Hombres → = 184,9 - 4,65 x tiempo - 0,22 x FC- 0,26 x edad -1,05 x IMC Mujeres → = 116,2 - 2,98 x tiempo - 0,11 x FC - 0,14 x edad - 0,39 x IMC

Al aplicar la fórmula en la prueba de Course-Navette se ha de poner la edad en años y el *palier* último que se completó; en el test de Cooper la distancia se mide en metros; en la prueba de *step* se calcula con la frecuencia cardíaca al final de la prueba y en el UKK Walk Test, la edad en años y el tiempo en minutos.

Para realizar una aproximación al estado del sujeto, se muestra a continuación una tabla de referencia de los valores en porcentajes de frecuencia cardíaca y consumo de oxígeno en función del grado de entrenamiento.

	ENTRENADOS		NO ENTRENADOS	
INTENSIDAD	% FC máx.	% VO2 máx.	% FC máx.	% VO2 máx.
Muy baja	48-60	23-40	50-60	25-40
Baja	60-74	40-60	60-68	40-52
Media	74-84	60-75	68-77	52-65
Alta	84-100	75-100	77-100	65-100
Muy alta	100		100	

Para cuantificar de forma sencilla el gasto energético se utiliza el concepto de **MET,** unidad metabólica que representa la cantidad mínima necesaria de oxígeno para las funciones metabólicas del organismo.

1 MET = 3.5 ml / kg / min

Las actividades se han clasificado en función de su intensidad, asignando así un gasto de energía expresado en METS. Para calcular el gasto calórico se aplica la siguiente fórmula:

METS x peso (kg) = kcal / hora

En la siguiente tabla se establece la intensidad de diferentes tareas domésticas, laborales y físicas con el gasto aproximado de METS. Esto permite orientar el consumo de energía al realizar dichas actividades.

Intensidad	Actividades domésticas	Actividades laborales	Actividad física
Muy liviana (3 METS)	Ducharse, afeitarse, vestirse y cocinar	Trabajar en el ordenador o estar parado	Caminar lento en terreno plano
Liviana (3 a 5 METS)	Recoger la basura, ordenar juguetes, limpiar ventanas, pasar la aspiradora, barrer	Realizar trabajos manuales en la casa o en el coche	Caminar a marcha ligera, montar en bicicleta en terreno plano
Pesada (6 a 9 METS)	Subir escaleras a velocidad moderada, cargar bolsas	Realizar trabajos de albañilería con instrumentos pesados	Jugar al fútbol, tenis, esquiar, patinar, subir un cerro
Muy pesada (superior a 9 METS)	Subir escaleras muy rápido o con bolsas pesadas	Cortar leña, cargar elementos de mucho peso	Jugar al rugby, squash, realizar esquí de fondo

Otro aspecto importante es la **tasa metabólica basal** (TMB), que es la estimación del gasto energético para realizar las funciones vitales en reposo en el cuerpo humano. La ecuación de Mifflin-St Jeor es una fórmula utilizada para estimar la TMB, y como no tiene en cuenta la actividad física, para obtener el total de calorías diarias necesarias, generalmente se multiplica la TMB por un factor que refleje el nivel de actividad física.

Hombres: TMB = 66 + (13.7 x peso en kilos) + (5 x altura en cm) – (6.8 x edad en años)

Mujeres: TMB = 655 + (9.6 x peso en kilos) + (1.8 x altura en cm) – (4.7 x edad en años)

El valor obtenido puede variar en función del clima, del efecto térmico de los alimentos, del embarazo y de la actividad física. Además, se recomienda un gasto energético adicional de 150-400 Kcal diarios para el ejercicio.

4. ¿Cómo se relacionan el consumo máximo de oxígeno y el MET? ¿Qué se puede calcular a través de ellos?
5. Busque en internet una calculadora de MET y compruebe el gasto energético de un día laborable.

3.4. Valoración psicológica y/o comportamental

En la actualidad la evaluación de los aspectos psicológicos ha permitido desarrollar habilidades y herramientas para realizar el ejercicio de forma más efectiva, por lo que es necesario registrar la evolución de parámetros como el estado de ánimo, el estilo de vida, las emociones, etc.

Las herramientas más utilizadas para recopilar información son los cuestionarios, diarios, entrevistas personales, test o sociogramas, entre otros. A continuación se detallan algunas de las pruebas más utilizadas:

- Estado de ánimo:
  - POMS (McNair, Lorr y Droppleman, 1971). Cuestionario que consiste en una lista de adjetivos relacionados con factores como la tensión, depresión, cólera, vigor, fatiga y confusión.
- Calidad de vida:
  - SF-36 (Ware y Sherbourne, 1992; Alonso [et al.], 1995). Cuestionario que se compone de 36 ítems que valoran ocho dimensiones: función física, rol físico, dolor corporal, salud general, vitalidad, función social, rol emocional y salud mental.
  - EuroQol (EQ-5D) (Brooks [et al.], 1996; Badía [et al.], 1999). Contiene cinco dimensiones de salud: movilidad, cuidado personal,

actividades cotidianas, dolor o malestar y ansiedad o depresión. Cada una de ellas tiene tres niveles de gravedad.

- Alteraciones del sueño:
  - PSQI (Buysse [et al.], 1989; Macias-Fernandez y Royuela-Rico, 1996). Este cuestionario mide la calidad del sueño y contiene 24 ítems (19 a contestar por el propio sujeto y 5 por el compañero de habitación o de cama).
- Ansiedad:
  - STAI (Spielberger [et al.], 1970; Spielberger [et al.], 2002). Cuestionario compuesto de 20 ítems divididos en dos escalas: ansiedad estado (situación emocional transitoria) y ansiedad rasgo (preferencia ansiosa relativamente estable).
  - CSAI- 2 (Martens, Vealey y Burton, 1990). Es un cuestionario compuesto de 27 ítems divididos en tres escalas: ansiedad cognitiva, somática y autoconfianza.
- Depresión:
  - BDI-II (Beck [et al.], 1961; Beck [et al.], 2006). Es un cuestionario de 21 ítems para evaluar los síntomas de la depresión.
- Procesamiento de la información y memoria:
  - PASAT (Gronwall, 1977). Es una prueba de atención mantenida y dividida que consiste en sumar pares de dígitos de tal forma que cada uno se añada siempre al que precede, expresando los resultados en voz alta. Consta de dos partes, ambas de 60 dígitos y un descanso intermedio; en la primera los números se presentan cada tres segundos y en la segunda el intervalo entre dígitos es de dos segundos. Se contabiliza el total de aciertos en cada parte.

A Juan le han realizado una evaluación inicial: mide 1,77 m, pesa 84 kg, está jubilado, lleva una vida sedentaria y pasa unas 6 horas al día sentado viendo la televisión. ¿Cuál es su TMB? Realice una propuesta teórica de actividad física que suponga un gasto energético adicional en función de las recomendaciones para el ejercicio.

SOLUCIÓN

TMB = (177 / 84) x 38 x 24 = 1921,71 kcal

5 METS x 84 kg = 420 kcal / hora

420 / 2 = 210 kcal / 30 minutos

Las recomendaciones de gasto adicional por ejercicio físico se encuentran entre 150 - 400 kcal al día.

Actividades livianas como caminar a marcha ligera suponen entre 3-5 METS.

Si realiza una caminata a marcha ligera durante 30 minutos, el gasto calórico es 210 kcal.

4. La interpretación de datos obtenidos en los distintos test, pruebas y cuestionarios

Las mediciones realizadas a través de las distintas herramientas proporcionan datos que sirven de referencia y son susceptibles de comparación con otros con el objetivo de extraer conclusiones sobre el estado del sujeto.

La concepción de estas mediciones desde un punto de vista global permite valorar a los sujetos y adoptar las decisiones pertinentes a la hora de plantear y evaluar aspectos relacionados con la actividad física.

4.1. Evaluación de los factores de riesgo

El actual estilo de vida de la población se caracteriza por una alimentación inadecuada, sedentarismo y estrés, lo que conlleva la formación de hábitos perjudiciales para la salud y, consecuentemente, el aumento del número de personas que sufren enfermedades cardiovasculares.

Por ende, antes del comienzo de la actividad física se deben evaluar los factores de riesgo de los sujetos a los que va dirigido el programa de ejercicio. Entre dichos factores se encuentran el tabaquismo, la hipertensión, la hipercolesterolemia, la diabetes y la obesidad.

El tabaquismo tiene efectos nocivos a largo plazo para los pulmones e inmediatos para el sistema circulatorio, por lo que su abandono tendrá consecuencias positivas instantáneas en la sangre y los vasos.

Los otros factores mencionados se asocian con la obesidad porque pueden provocar hipertensión, aumento de colesterol y diabetes, pero estas no son las únicas causas ya que dichas enfermedades pueden tener un origen genético.

La obesidad es una enfermedad crónica que se define como el exceso de grasa corporal. Su forma de evaluación más común es a través del índice de masa corporal (IMC), en el que se relaciona el peso (kg) con la estatura (m), independientemente de la edad y del sexo.

$$IMC = peso\ (kg) / estatura^2\ (m)$$

El resultado del IMC permite clasificar a los sujetos en función de unos intervalos estandarizados por la Organización Mundial de la Salud (OMS): desnutrición, normalidad, sobrepeso, obesidad y obesidad mórbida.

CLASIFICACIÓN	IMC
Desnutrición	<20
Normalidad	20-24,9
Sobrepeso	25-29,9
Obesidad	30-39,9
Obesidad mórbida	≥40

Cabe destacar que el IMC tiene ciertas limitaciones entre la población de deportistas, ya que no tiene en cuenta la composición corporal y se ve afectado por otros factores diferentes al del exceso de grasa, como pueden ser la masa ósea y muscular o el aumento del volumen plasmático con el ejercicio. Así pues, los culturistas, luchadores de pesos pesados o levantadores de pesas, entre otros, alcanzan valores de sobrepeso aunque su grasa corporal se encuentre en valores normales; por el contrario, deportistas como los de gimnasia rítmica, por ejemplo, obtienen valores de desnutrición debido a las exigencias del deporte.

Otra forma de clasificar la obesidad es a través de la relación cintura-cadera (RCC), estableciendo la división entre el perímetro de la cintura por el perímetro de la cadera. Este método distingue entre obesidad androide, donde la grasa se acumula predominantemente en la cintura (forma de manzana), y obesidad ginoide, en la que la grasa se acumula mayormente en la cadera (forma de pera). La obesidad androide es la que induce a sufrir diabetes e hipertensión, y la ginoide conlleva problemas venosos.

RCC = cintura (cm) / cadera (cm)

El valor normal en hombres está entre 0,78-0,94 y en mujeres entre 0,71 y 0,85; cualquier resultado por encima de ellos estará asociado al aumento de la probabilidad de sufrir enfermedades.

Acumulación de la grasa corporal en referencia a la relación cintura-cadera

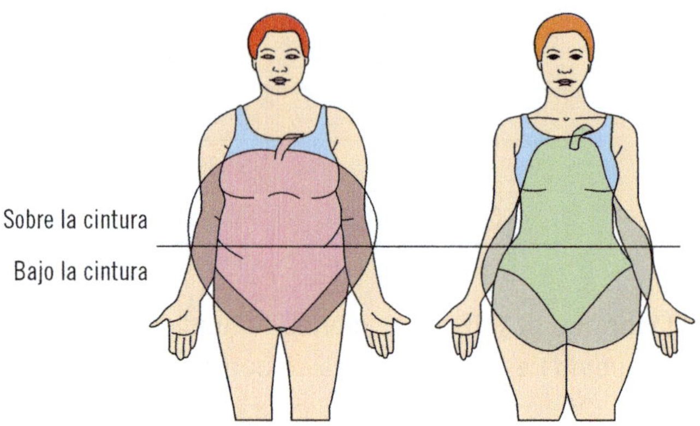

Por último, existe un índice menos común pero más fiable: el índice ponderal (IP), en el que también se relaciona el peso (kg) con la estatura (cm) de la siguiente forma:

$$IP = \text{estatura (cm)} / \sqrt[3]{\text{Peso (kg)}}$$

La normalidad oscila entre 35-48, siendo 43 el valor medio.

Actividades

6. ¿Cuáles son los efectos del tabaquismo?

4.2. Coordinación con otros especialistas. La prescripción del ejercicio por otros especialistas

La actividad física y el ejercicio no se limitan a la simple mejora de la condición física, sino que también engloban un conjunto de aspectos que contribuyen a la salud física y mental y a la calidad de vida de los sujetos, por lo que es necesario un trabajo conjunto de diferentes profesionales que formen un equipo multidisciplinar.

Dentro de este equipo se debe encontrar el médico, ya que facilita información a través de pruebas médicas preventivas y de esfuerzo, identificando los rangos de intensidades adecuados para cada persona, que servirá de diagnóstico inicial para considerar si un sujeto es apto o no para la realización de ejercicio.

El fisioterapeuta también desempeñará un papel importante a la hora de solucionar posibles problemas musculares y articulares derivados de la práctica del ejercicio físico. También deberá colaborar en el diagnóstico detectando posibles limitaciones a nivel de movilidad e higiene postural para prevenir lesiones.

Otro aspecto que influye directamente sobre la salud es la alimentación. Un nutricionista aportará asesoramiento sobre pautas alimentarias, así como dietas personalizadas en función de las necesidades de los sujetos con problemas.

Sabía que...

Una alimentación equilibrada reduce la ansiedad y el estrés y mejora el buen humor, la autoestima y la concentración.

Por último, la participación de un psicólogo es relevante para la evaluación de factores psíquicos y comportamentales. Algunas de sus competencias consisten en orientar sobre hábitos de vida saludables, formas de relacionarse con los demás, organización del tiempo, habilidades sociales y emocionales, etc.

Todos los especialistas se encuentran con casos de personas en las que el ejercicio influye positivamente, por lo que se debe recomendar el ejercicio programado y planificado por un técnico formado para ello como parte del tratamiento.

4.3. Evaluación del estilo de vida del usuario

El estilo de vida es el conjunto de todos los hábitos y actividades que realiza el usuario en su día a día.

Los hábitos de vida han evolucionado hacia la comodidad y la inactividad debido, en gran medida, a los avances tecnológicos. Dicha evolución provoca una reducción del gasto energético de las personas con respecto al consumo de energía que necesitaban principalmente para actividades laborales que implicaban un gran trabajo físico.

La evaluación de los hábitos y actividades permite conocer las rutinas personales para identificar hábitos perjudiciales y proponer posibles modificaciones con el objetivo de aumentar la calidad de vida.

En cuanto a los **hábitos alimenticios,** se puede evaluar cuántas comidas se realizan al día, qué tipos de alimentos se consumen y el conocimiento de su composición y la existencia de planificación alimentaria.

Referente al **ejercicio** se analiza la frecuencia y duración de ejercicio por semana, la presencia o no de un profesional, el tipo de actividad que practica y si se realiza de manera individual o colectiva.

Recuerde

El estilo de vida actual se caracteriza por una inadecuada alimentación, sedentarismo y estrés, que son las principales causas de sufrir factores de riesgos para la salud.

Además, también se deben valorar las horas y la calidad del **sueño,** el tipo de **actividad laboral** y en **tiempo de ocio,** la frecuencia con la que se consumen **sustancias** como tabaco o alcohol y los **autocuidados** en lo referente a la salud. Un ejemplo de herramienta para evaluar el estilo de vida es el **Cuestionario de Perfil de Estilo de Vida** (PEPS-I) (Pender, 1996), que consta de seis subescalas: nutrición, ejercicio, responsabilidad en salud, manejo del estrés, soporte interpersonal y autoactualización.

Otra forma de valorar el estilo de vida es a través del cálculo del gasto energético total, sumando el consumo de energía cuando realizamos actividades de la vida diaria a la tasa metabólica basal (TMB). La OMS establece un conjunto de fórmulas para calcular el valor del gasto energético, clasificando las actividades en sedentarias (trabajo de oficina, escolar, lectura, televisión y ordenador, etc.), ligeras (actividades domésticas, dependientes, juegos recreativos, paseo, etc.) e intensas (trabajo pesado, obreros, agricultores, jardinería, deportes, andar a paso ligero, etc.).

En la siguiente tabla se muestra el coeficiente que se ha de multiplicar por la TMB y dividir entre el número de horas durante las que se ha realizado el tipo de actividad.

Gasto energético	
Durante el sueño	1.0 x TMB/h x nº horas de sueño / descanso
Actividades sedentarias	1.6 x TMB/h x nº horas sedentarias
Actividades ligeras	2.5 x TMB/h x nº horas actividad ligera
Actividades intensas	3.8 x TMB/h x nº horas actividad intensa

Actividades

7. ¿Cuáles son los principales aspectos que definen el estilo de vida?

Aplicación práctica

Se procede a valorar la obesidad de tres sujetos a través del IMC. El sujeto 1, un trabajador de oficina, presenta una estatura de 1,68 m y un peso de 80 kg; el sujeto 2 es gimnasta, mide 1,52 m y pesa 43 kg; el sujeto 3 es jugador de baloncesto, tiene una estatura de 1,95 m y un peso de 110 kg.

Identifique los diferentes factores de riesgo. Si es insuficiente la evaluación, ¿con qué se complementaría?

SOLUCIÓN

Sujeto 1. IMC = $80 / 1{,}68^2 = 28{,}34$

Sujeto 2. IMC = $43 / 1{,}52^2 = 18{,}61$

Sujeto 3. IMC = $110 / 1{,}95^2 = 28{,}92$

En el caso del sujeto 1, se puede afirmar que padece obesidad. Los sujetos 2 y 3 deben ser estudiados en profundidad, ya que sus prácticas deportivas requieren una composición corporal específica.

Estudio de la composición corporal a través de bioimpedancia o fórmulas indirectas.

---

5. Análisis diagnóstico para la elaboración de programas de entrenamiento

El entrenamiento se entiende como un proceso abierto con estructura de espiral en el que se elabora un plan para alcanzar unos objetivos concretos y se toman datos antes, durante y después de su ejecución para realizar análisis posteriores que retroalimenten los puntos fuertes y débiles de dicho plan, creando uno nuevo a partir del existente.

El diagnóstico depende en gran medida de la captación y evaluación de los parámetros relevantes en los objetivos propuestos, ya que los resultados obtenidos son los que se utilizarán para establecer evoluciones y comparaciones entre personas, como los interpersonales o con baremos estándar.

En este sentido es necesario conocer el punto de partida o evaluación inicial e ir recopilando mediciones que permitan reajustar y comprobar el curso de la actividad, así como evaluaciones orientativas que complementen y ayuden a conformar la evaluación final.

Proceso de entrenamiento

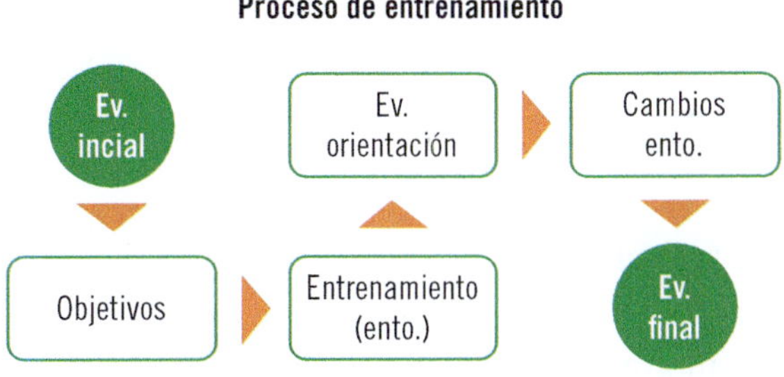

5.1. Elaboración del informe específico

La creación de un informe tiene doble finalidad: por una parte, sintetizar aquellos parámetros que se desean medir y ordenarlos a la vez que se registran, y por otra transmitir a la persona información útil y accesible. Por consiguiente, hacer uso de informes estandarizados probablemente no resultará eficaz para las necesidades del problema en cuestión.

Recogida de la información

El primer paso es la identificación de la persona, que se puede hacer en base a su nombre, apellidos, DNI, código de usuario o número de socio, seguido de la fecha de nacimiento o edad y el sexo. Es muy importante también que estos datos vayan acompañados de la identificación temporal, principalmente a través de la fecha, además de periodos semanales, mensuales y/o anuales, periodos o ciclos de entrenamiento, etc.

A continuación se recogen todos los parámetros pertinentes agrupados en las siguientes categorías: antropométricas, aptitud física, fisiológicas, psicológicas y comportamentales. De este modo observamos, pues, la importancia de la ordenación de los datos para obtener las medidas indirectas.

Recuerde

A la hora de registrar los datos se deberán identificar correctamente y ordenar en función de la fecha.

Procesamiento de la información

El número de informes o de datos determinará la manera de crearlos. En la actualidad el uso ofimático facilita en gran medida esta fase, de forma sencilla a través de los procesadores de cálculos y de textos.

Para comenzar se debe abrir un nuevo documento en el procesador de cálculo *Microsoft Excel.* Cada parámetro a registrar se coloca en la fila 1, empezando por la casilla **A** y empleando tantas columnas como parámetros se deseen anotar, ordenado según lo comentado anteriormente. Las abreviaturas sirven para no prolongar el ancho de la columna y evitar obtener una tabla muy extensa.

Es conveniente ajustar el formato de la celda al dato que se registra. Para ello, se selecciona la columna haciendo clic en la casilla donde aparece el nombre, por ejemplo **A.** En el menú Inicio, en el **Formato de celdas,** se elige la opción **Número** de la lista desplegable si el dato es numérico, **Texto** si el dato es textual o cualquier otra opción que se ajuste adecuadamente al dato que se está tratando. Después tan sólo queda introducir los datos en las siguientes filas, usando la misma para cada identificación o persona.

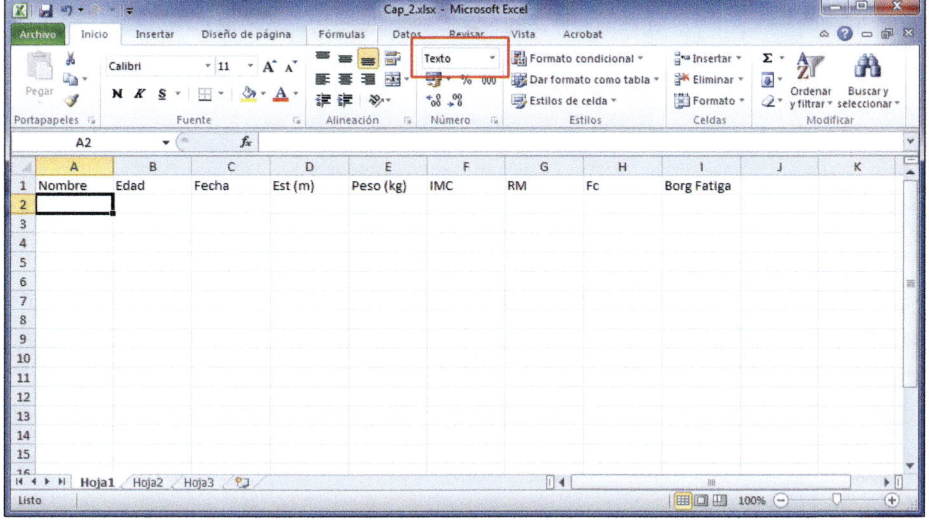

Formato de celdas en la hoja de cálculo

Por último, es frecuente que al tomar datos necesitemos un tratamiento mediante fórmulas, escalas u otros métodos para estimar el valor deseado y las mediciones indirectas.

Para introducir fórmulas en las casillas del procesador de cálculo se debe hacer clic sobre la celda destinada para ello; después, se coloca el cursor en la **Barra de fórmulas** y se pulsa el botón **Fx,** para posteriormente seleccionar la fórmula apropiada en el cuadro de diálogo abierto a través de las diferentes opciones: **Buscar función** o seleccionar categoría de la lista desplegable y elegir función.

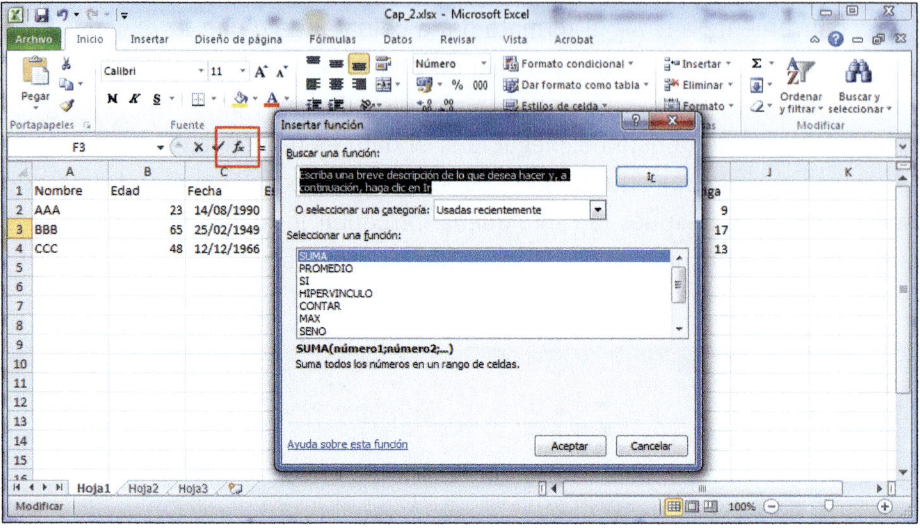

Cuadro de diálogo para introducir fórmula

Por otra parte, las funciones se pueden escribir manualmente introduciendo el símbolo **igual (=)** en la **Barra de fórmulas** junto a la celda seleccionada, seguido de la ecuación pertinente y sustituyendo los valores por el número de casillas. Por ejemplo, al sumar el valor de la fila 1 de la columna A con el valor de la fila 2 de la misma columna, en la barra de fórmulas se escribiría: **=A1+A2.**

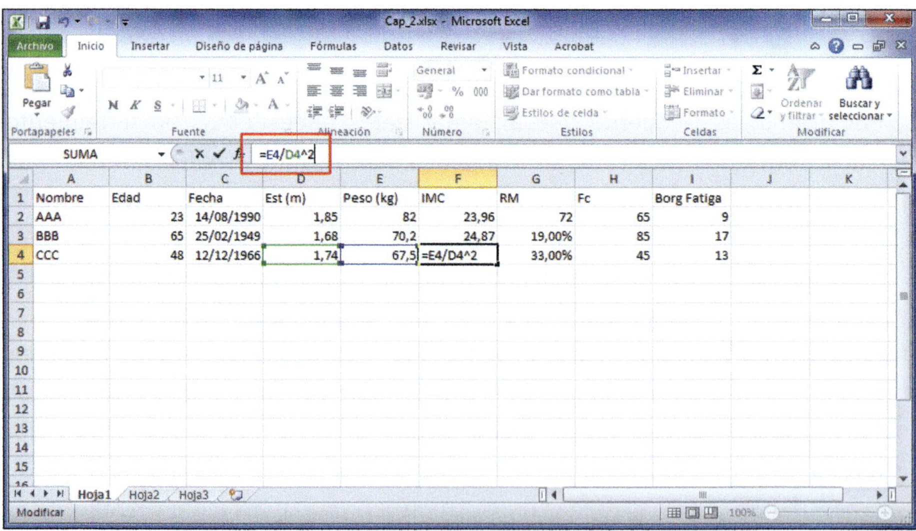

Introducción de fórmula manualmente

Presentación de la información

El hecho de presentar únicamente los datos, aún estando comparados con otros, tiene poca o ninguna importancia para el que los recibe. Por ello, a la hora de elaborar un informe es necesario crear un formato que conste de los siguientes apartados:

- Saludo, acompañado de los datos identificativos y una pequeña introducción y evitando los registros redundantes.
- Los resultados obtenidos, presentados en función del objetivo propuesto y con sus pertinentes baremos o comparativas por cada parámetro.
- Incidencias, en el caso que las hubiera.
- Conclusiones que sinteticen la información más importante y despedida final.

Para comenzar se debe abrir un nuevo documento en el procesador de texto **Microsoft Word.** A continuación, se le da formato al informe de manera general y se dejan en blanco los espacios en los que se quieran incluir los datos específicos registrados.

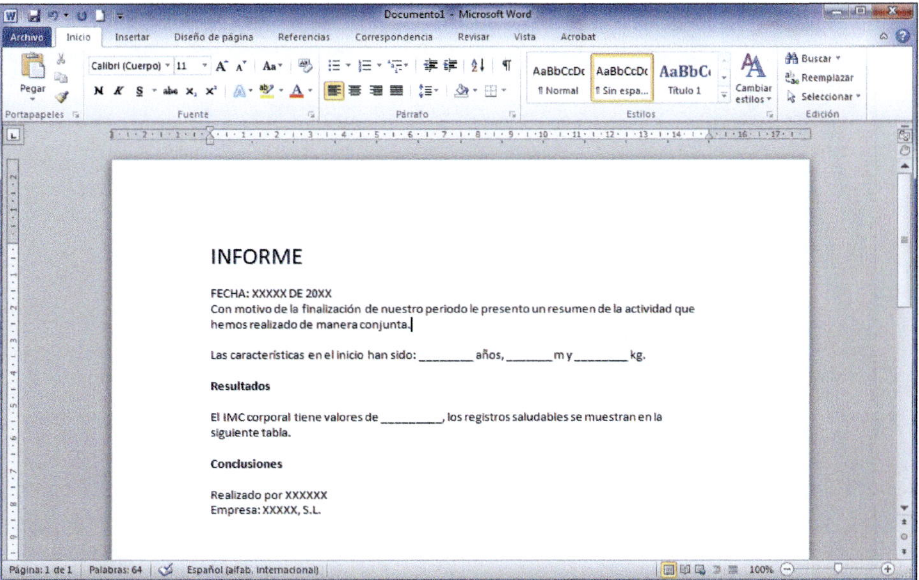

Creación de informe en nuevo documento

Posteriormente, en el menú **Correspondencia,** se pulsa el botón **Iniciar combinación de correspondencia > Cartas.** Una vez completada esta acción, se hace clic sobre el botón **Seleccionar destinatarios > Usar lista existente** y finalmente se selecciona el archivo deseado.

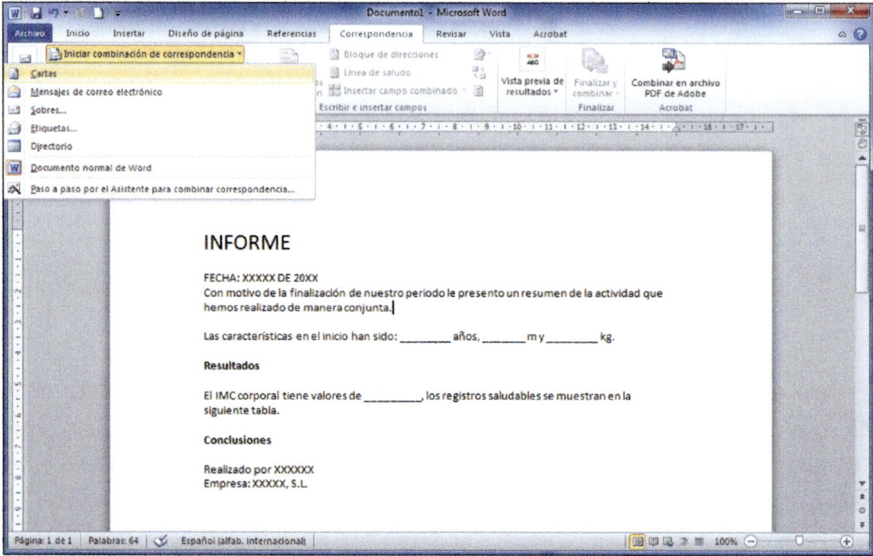

Iniciación de correspondencia

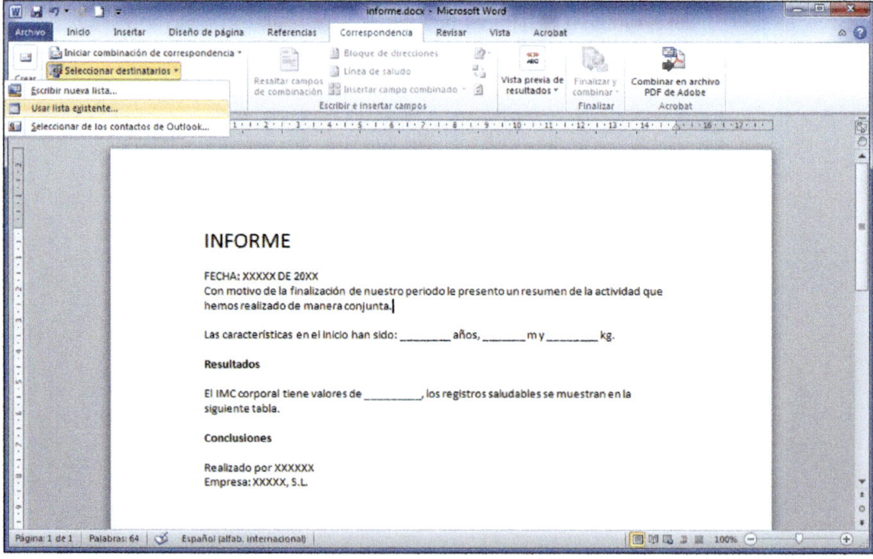

Cómo combinar con documento existente

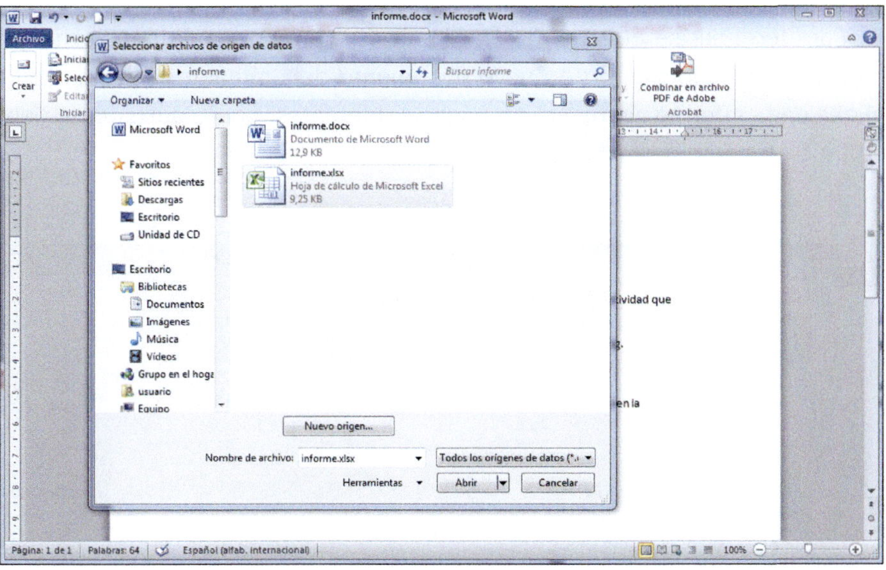

Cuadro de diálogo de elección de documento

A continuación se coloca el cursor en el espacio en el que debe aparecer el dato concreto; para ello, se debe pulsar el botón **Insertar campo combinado** y elegir después el parámetro de la lista desplegable.

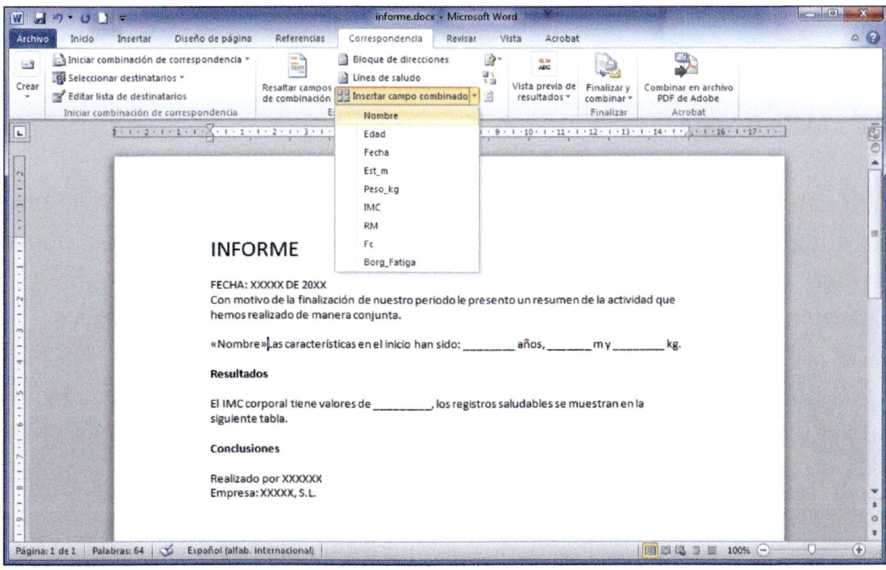

Inclusión de campo combinado en el informe propuesto

Para terminar se pulsa el botón **Finalizar y combinar > Editar documentos individuales.** Esto abrirá un nuevo documento denominado "Cartas1.doc" en el que cada informe aparecerá en páginas diferentes, por lo que solo se deberá editar en función de cada persona.

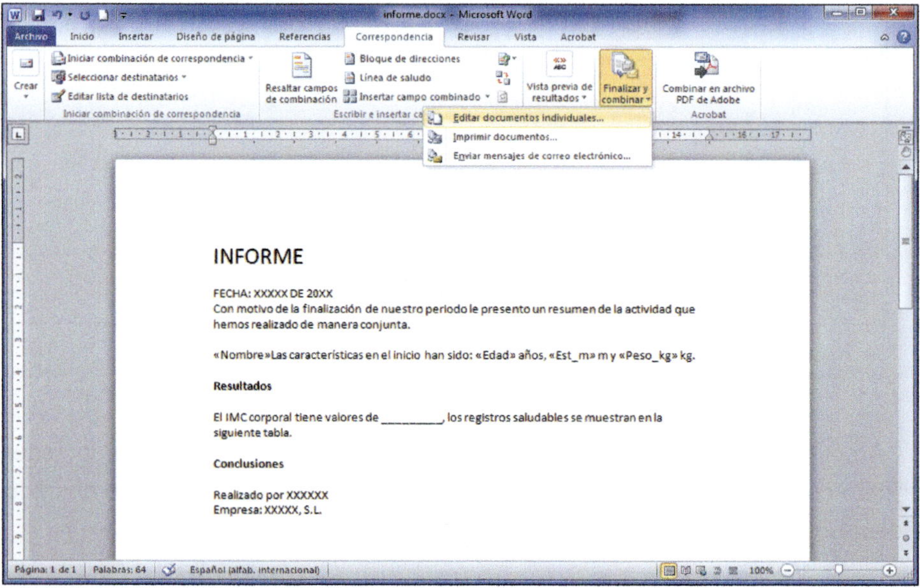

Creación de cartas individualizadas de forma automática

5.2. Metodología

El método comprende la recogida, el tratamiento y la descripción de los datos obtenidos de una realidad que ha de estar en consonancia con la naturaleza de los mismos; por lo tanto, al definir los objetivos a alcanzar será necesario determinar qué tipos de parámetros permiten establecer referencias.

Por una parte se encuentran los datos **cualitativos,** que son interpretaciones subjetivas de la realidad y que siguen, por lo general, un razonamiento inductivo. El resultado de las mediciones expresan una cualidad. Las principales herramientas son las entrevistas personales, los cuestionarios de respuestas dicotómicas o de escala, los diarios, las fichas u hojas de observación.

Por otra parte, los datos **cuantitativos** son medidas objetivas de la realidad que están acompañadas principalmente de razonamientos deductivos. Al resultado obtenido se le denomina valor. La forma de tomar datos puede realizarse de manera directa, como por ejemplo la medición de una distancia a través de un metro, o de manera indirecta, como sería el caso del índice de masa corporal a través de la aplicación de su fórmula correspondiente a las mediciones de estatura y peso.

Ejemplos de herramientas cualitativas y cuantitativas

Cualitativas	Cuantitativas
- Cuestionarios - Diarios - Fichas de observación - ...	- Metro - Peso - Tiempo - ...

Independientemente de la naturaleza y de la obtención de los datos, para ejecutar el análisis es necesario apoyarse en la estadística, que se encarga de agrupar los datos por frecuencia y obtener estadísticos descriptivos como la media, la moda, la desviación típica, gráficos, etc. Además, a través de las técnicas de inferencia se pueden establecer relaciones entre los estadísticos descriptivos de las distintas variables, como por ejemplo la correlación, el contraste de hipótesis, etc.

Los resultados proporcionados por el correspondiente análisis permiten encauzar las conclusiones. En el caso del entrenamiento, al enfocarse principalmente desde una perspectiva individual, se establecen las siguientes comparaciones:

- Atendiendo a la evolución de una misma variable.
- Con los baremos estandarizados.
- Se relacionan dos variables diferentes entre sí.

Por último, el proceso de análisis y sus respectivas conclusiones dan lugar a unas futuras líneas de intervención, destacando qué variables son susceptibles de mejora y cuales presentan condiciones óptimas.

Actividades

8. Enumere tres mediciones cuantitativas y tres mediciones cualitativas.

5.3. Prescripción del ejercicio en función de los datos obtenidos

El ejercicio físico ha de contribuir a mantener un estado saludable independientemente de la orientación con la que se realice, por lo que los principales argumentos para prescribir dicho ejercicio han de estar encaminados a los resultados obtenidos en una valoración inicial.

En el diseño de los programas de entrenamiento es recomendable establecer un periodo de tiempo con objetivos o metas reales y alcanzables, que puede tener una duración de semanas o meses. Entre los componentes se encuentran el tipo de ejercicio, la carga y la sesión.

Respecto al tipo de ejercicio, es conveniente analizar las características y las preferencias personales y adecuarlas al objetivo final que se persigue con el programa de actividad física. Existen multitud de clasificaciones, aunque de manera sintética se pueden establecer en función de:

- La musculatura que participa:
  - Ejercicios globales. Requieren la participación de muchas articulaciones con absoluta libertad de movimientos.
  - Ejercicios sintéticos. Ponen en acción varias articulaciones y requieren un proceso de elaboración más costoso.

   - Ejercicios localizados. Se aísla la acción de cada uno de sus miembros. Los efectos se sitúan de forma precisa.

- El sistema energético que predomina:
   - Aeróbicos
   - Anaeróbicos lácticos
   - Anaeróbicos alácticos

- La condición física que predomina:
   - Resistencia
   - Fuerza
   - Movilidad

- Tipo de actividad:
   - Juegos o deportes
   - Libres
   - Sobrecarga externa. Peso libre o máquinas

- Tipo de agrupación:
   - Individual libre
   - Individual dirigido
   - Colectivo

Recuerde

El tipo de ejercicio debe ajustarse a las características y preferencias personales además de estar en consonancia con el objetivo que se persigue.

En cuanto a la carga, se diferencian dos aspectos a nivel externo:

- Cuantitativos:
  - Frecuencia de entrenamientos. Distribución temporal a lo largo del día o de la semana.
  - Duración. El tiempo durante el cual actúa el estímulo de entrenamiento sobre el organismo.
  - Volumen. Tiempos, distancias, número de series y repeticiones, etc.
- Cualitativos:
  - Intensidad. La fuerza con la que actúa el estímulo sobre el organismo. Por ejemplo, % de FC máx., etc.
  - Densidad. Relación entre el trabajo y el descanso. Por ejemplo 1/3.

Desde el punto de vista individual de cada sujeto, la carga interna es la respuesta que genera la carga externa sobre el organismo; por ejemplo, una carrera continua durante 20 minutos sería la carga externa y la frecuencia cardíaca durante su realización la interna. Los criterios de progresión deben ir en consonancia con la dirección, desde lo más sencillo a lo más complejo, tanto en el tipo de ejercicio como en la carga externa. En el caso del primero, el tipo de ejercicio estará marcado por la propia experiencia del sujeto y el desarrollo será principalmente de ejercicios localizados y libres a ejercicios globales y con sobrecarga externa; en cuanto a la carga externa, se efectuará un primer aumento en los aspectos cuantitativos y posteriormente en los aspectos cualitativos.

Criterios de progresión de la carga

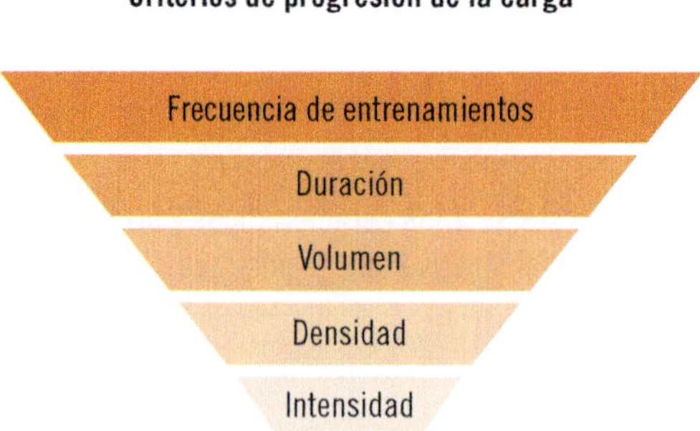

Finalmente, la sesión de entrenamiento implica la puesta en marcha de todo el proceso organizado para cumplir las metas propuestas. Dentro de esta sesión deben existir tres grandes apartados:

- **Parte inicial o calentamiento.** Sección encargada de elevar la temperatura corporal, ajustar la respiración y lubricar las articulaciones para completar un entrenamiento con la preparación adecuada.
- **Parte principal.** Desarrollar el objetivo principal de la sesión de entrenamiento.
- **Parte final o vuelta a la calma.** Reducir la intensidad de la sección anterior para ajustar las respuestas fisiológicas al posterior nivel de actividades cotidianas.

Actividades

9. ¿Cuáles son la intensidad, el volumen y la duración en un entrenamiento de 4 series de 3 minutos al 70 % FC máx. con 2 minutos de descanso entre ellas?

5.4. Adecuación y respuesta a las necesidades y expectativas de la demanda

Es fundamental configurar la prescripción de programas de entrenamiento atendiendo al objetivo que demanda el sujeto, y para ello se debe emplear una relación directa entre las conclusiones extraídas de la evaluación inicial y los componentes del ejercicio. Así, la prescripción del ejercicio se puede enfocar en las tres vertientes que se explican a continuación.

Programas orientados a la mejora de la salud

Generalmente, la meta que persiguen estos programas es mejorar la calidad del estilo de vida motivando diferentes cambios. Así, se trabajaría desde una condición sedentaria hacia la inclusión de la actividad física en las tareas cotidianas, además del ejercicio físico.

Este tipo de planes combinan diferentes modalidades de ejercicio, como pueden ser actividades colectivas de diversas modalidades, entrenamiento de fuerza en circuitos, natación, ciclismo, paseos y carreras, etc. También se alternan cargas de intensidad moderada con otras de alta intensidad, siempre introducidas mediante el aumento progresivo de la carga en función de las adaptaciones del sujeto y evitando trabajar en rangos de dolor muscular. Primero se aumenta la frecuencia de entrenamientos y duración, volumen y densidad, y por último la intensidad.

Programas orientados a la mejora de la estética corporal

En la actualidad estos programas son consecuencias de las tendencias con respecto a la imagen corporal. Su finalidad es moldear el cuerpo mediante la realización de ejercicio y es muy importante la satisfacción del propio sujeto, aunque existan morfologías marcadamente estereotipadas en función del sexo.

Las principales herramientas de trabajo en estos planes son los ejercicios de fuerza y movilidad incluidos en actividades prolongadas con variación intermitente de la intensidad, así como el desarrollo de la resistencia. Las evaluaciones de las modificaciones de pesos, perímetros y pliegues marcan la evolución del sujeto.

Programas orientados a la mejora del rendimiento deportivo

El objetivo final de este tipo de programas es aumentar el rendimiento físico en la propia actividad en la que se desenvuelve el sujeto. La potenciación de los aspectos relevantes para obtener dicho rendimiento marca la dirección y la progresión del programa.

La planificación del entrenamiento debe ajustarse al calendario de competición y a las características específicas del deporte en cuestión. La variación del tipo de actividad versará desde tareas globales a tareas localizadas, por lo general aumentando el volumen al principio e incrementando la intensidad después.

Recuerde

Los programas de entrenamiento deben satisfacer las demandas del cliente. Para ello se realiza una evaluación inicial, se establecen objetivos y se adecúan los ejercicios a las características y preferencias del sujeto.

Aplicación práctica

Antonio es un joven de 22 años que acude a un gimnasio con la idea de mejorar su imagen corporal. Es una persona activa que practica deportes colectivos en su tiempo de ocio. Determine qué parámetros son importantes en una valoración inicial y plantee una propuesta a seguir para satisfacer las necesidades del cliente.

SOLUCIÓN

El objetivo es recopilar información de su estado actual, especialmente en lo referido a la composición corporal, ya que su meta es alcanzar una imagen mejor.

A continuación se deben obtener mediciones antropométricas de la estatura, el peso, los diámetros de la muñeca y bicondíleo del fémur; los perímetros de cintura, cadera, pierna, brazo relajado y contraído, y los pliegues tríceps, subescapular, suprailíaco, abdominal, muslo y pierna. Los datos se registrarán en una hoja de cálculo que permita ordenarlos por fecha de medición. También hay que calcular la masa y el porcentaje muscular y graso, el IMC y el índice cintura-cadera.

El programa de entrenamiento se propondrá en función de los resultados; por ejemplo, si existe obesidad se reducirá la masa grasa, o si el porcentaje de masa muscular es bajo se enfocará a elevarlo.

Pasado el tiempo pertinente para que se produzcan los efectos del programa de ejercicios propuesto, se volverán a realizar las mismas mediciones.

Por último, se presentará un informe individual al cliente en el que se incluirá la evolución del proceso con datos y gráficas, así como las conclusiones derivadas del análisis.

Actividades

10. ¿Cuál es la finalidad de un programa de ejercicios?
11. En un programa de ejercicios orientado a la salud, ¿qué criterios de progresión se han de seguir?

6. Resumen

El análisis e interpretación de datos requiere, en primer lugar, una recogida de información previa para conocer el estado inicial de los sujetos y una evaluación del proceso para conocer los efectos ocasionados. Para ello se utilizan una serie de test y pruebas específicas destinadas a valorar aspectos antropométricos, fisiológicos, psicológicos y aptitudes físicas.

La interpretación de dichos datos permite comparar a los sujetos con baremos estandarizados y extraer conclusiones para, posteriormente, tomar decisiones sobre los principales factores relacionados con la actividad física, siempre con la coordinación de los especialistas que intervienen en la salud, como son los médicos, nutricionistas, fisioterapeutas y psicólogos. Entre dichos factores se encuentran principalmente las enfermedades cardiovasculares y el estilo de vida.

La elaboración de programas de entrenamiento requiere un análisis diagnóstico en el que, a partir de las evaluaciones iniciales, se elaborarán informes individuales con ayuda de la ofimática. La metodología para realizar el diagnóstico depende de la naturaleza de los datos recogidos, que se distinguen entre cuantitativos y cualitativos y se analizan mediante la estadística.

La prescripción del ejercicio se realizará en función del análisis diagnóstico y de los objetivos planteados. Es necesario tener en cuenta la duración del programa, el tipo de actividad, la carga y la sesión, y debe adaptarse asimismo a las necesidades de los sujetos, diferenciando entre programas orientados para la salud, la estética o el rendimiento.

Ejercicios de repaso y autoevaluación

1. De las siguientes frases, indique cuál es verdadera o falsa.

a. La objetividad consiste en que los datos se repitan en situaciones diferentes.

☐ Verdadero
☐ Falso

b. La fiabilidad radica en estandarizar las condiciones de medición.

☐ Verdadero
☐ Falso

c. La validez asegura que la medición se ajuste al objetivo planteado.

☐ Verdadero
☐ Falso

2. Relacione los objetos de medición con sus respectivos parámetros:

a. Peso
b. Envergadura
c. Perímetros
d. Pliegues cutáneos

__ Plicómetro
__ Cinta métrica
__ Báscula
__ Tallímetro

3. Una persona tiene los siguientes valores de pliegues cutáneos: tríceps 7, subescapular 8, suprailíaco 11 y abdominal 16. ¿Qué fórmula se ha de utilizar para valorar su porcentaje de grasa?

____
____
____
____

4. **De las siguientes frases, indique cuál es verdadera o falsa.**

   a. El test de salto vertical mide la fuerza del tren inferior a través de la altura alcanzada.

      □ Verdadero
      □ Falso

   b. El salto horizontal a pies juntos mide la fuerza del tren inferior a través de la distancia alcanzada.

      □ Verdadero
      □ Falso

5. **¿A qué intensidad ha realizado una persona su entrenamiento de levantamiento de pesas si completa 6 repeticiones máximas con una carga determinada?**

6. **Según la fórmula % 1RM = 102,78 - 2,78 x nº repeticiones, ¿qué intensidad representa la carga de 50 kg que se ha conseguido levantar 8 veces?**

7. **Indique cuál de las siguientes afirmaciones es correcta:**

   a. Es interesante establecer comparaciones en la evolución de la frecuencia cardíaca de reserva como consecuencia de la realización del ejercicio físico es interesante.
   b. Es interesante establecer comparaciones en la evolución de la frecuencia cardíaca máxima como consecuencia de la realización del ejercicio físico.

8. **¿Cuál es el consumo de oxígeno de una actividad como subir escaleras con valor de 9 MET?**

____
____
____
____

9. **Relacione las pruebas de valoración psicológica con su medición.**

   a. EuroQol
   b. POMS
   c. PSQI

   __ Estados de ánimo
   __ Alteraciones del sueño
   __ Calidad de vida

10. **Según la fórmula de la RCC [RCC= cintura (cm) / cadera (cm)], ¿qué evaluación tendría una mujer con un cintura de 86 cm y una cadera de 113 cm?**

____
____
____
____

11. **Una persona con una TMB de 2000 kcal realiza una actividad ligera durante 5 horas. Según la fórmula 2.5 x TMB / h x nº horas actividad ligera, ¿qué gasto energético supone esta actividad?**

____
____
____
____

12. Complete los espacios con palabras:

El diagnóstico depende de la captación y evaluación de los ____________ relevantes en los ____________, debido a que los ____________ obtenidos son los que se utilizarán para establecer ____________ y ____________.

13. De las siguientes frases, indique cuál es verdadera o falsa.

a. Los datos cualitativos son medidas subjetivas de la realidad que generalmente siguen un razonamiento deductivo.

- ☐ Verdadero
- ☐ Falso

b. Los datos cuantitativos son medidas objetivas de la realidad que se acompañan de razonamientos deductivos.

- ☐ Verdadero
- ☐ Falso

14. De los componentes de la carga de entrenamiento, ¿qué es la densidad?

____

____

____

____

15. ¿Cuál es la finalidad de un programa de ejercicios orientado a la salud?

____

____

____

____

Capítulo 3

Tratamiento y registro de resultados en la aplicación de test, pruebas y cuestionarios en el ámbito del *fitness*

Contenido

1. Introducción
2. Estadística aplicada a la valoración y registro de test, pruebas y cuestionarios en el ámbito del *fitness*
3. Recursos informáticos aplicados a la valoración y registro de test, pruebas y cuestionarios en el ámbito del *fitness*
4. Integración y tratamiento de la información obtenida
5. Resumen

1. Introducción

La aplicación de test, pruebas y cuestionarios arroja una gran cantidad de datos que necesitan ser tratados para su pertinente análisis y para establecer las conclusiones oportunas; para ello es imprescindible el apoyo en diversas ciencias, como la estadística.

El análisis más sencillo ante un conjunto de datos consiste en obtener parámetros de tendencia central para conferir información sobre la homogeneidad de las observaciones. Del mismo modo, la ordenación y la representación gráfica también contribuyen a explicar su comportamiento y la normalización permite comprender la distribución de los resultados obtenidos.

Además de la estadística es necesario el apoyo en otras ciencias, y por otra parte el gran avance tecnológico se ha traducido en una mayor precisión y validez de obtención de resultados en los distintos test, pruebas y cuestionarios.

En este sentido, el mercado actual ofrece multitud de aparatos y programas que realizan mediciones directas e indirectas de forma automática para agilizar la recolección de datos, lo que conlleva un procesamiento dinámico de la información y la emisión de informes del parámetro evaluado conjugando datos y gráficos.

Por último, es muy importante tener en cuenta que el hecho de recopilar información sobre otras personas de manera profesional debe estar sujeto a la Ley de Protección de Datos de Carácter Personal y garantía de los derechos digitales y, por lo tanto, se ha de proceder en base a los principios determinados por la legislación vigente para su tratamiento y uso.

2. Estadística aplicada a la valoración y registro de test, pruebas y cuestionarios en el ámbito del *fitness*

La estadística estudia los métodos científicos para recoger, resumir y analizar datos, así como para sacar conclusiones válidas y tomar decisiones razonables basadas en tal análisis.

En este sentido la metodología estadística supone un contenido básico en todas aquellas ciencias cuyas observaciones están sujetas a la aleatoriedad, pues actúa como conexión entre las matemáticas y los fenómenos reales y tiene como finalidad obtener resultados y conclusiones de una investigación empírica mediante la utilización de modelos matemáticos.

2.1. Nociones generales

Como cualquier otra ciencia, la estadística necesita tres elementos fundamentales: un sujeto investigador, un objeto de estudio y la relación con otras ciencias que permita la recogida, análisis e interpretación de resultados.

El primer paso es definir la población a la que va referida la investigación científica, que se define como el conjunto de individuos o elementos con una o más características en común, denominadas variables, y posteriormente seleccionar una muestra (el subconjunto del que se recolectarán los datos) que sea representativa de dicha población.

En función de la finalidad que se persiga, el tratamiento de los datos a través de la estadística se realiza de forma **descriptiva** o deductiva, que es la encargada de determinar los métodos de recogida, análisis e interpretación de los datos, o de forma **inferencial** o inductiva, la que se ocupa de sacar las conclusiones.

Clasificación de la estadística

Estadística	
Descriptiva	Inferencial
Tendencia central	Contraste de hipótesis

La valoración y registro de test, pruebas y cuestionarios se realiza principalmente mediante la estadística descriptiva, calculando las siguientes medidas:

- Máximo y mínimo. Extremo superior y extremo inferior de la muestra de una variable.
- Recorrido. La diferencia entre el valor máximo y el mínimo.
- Media aritmética. El cociente entre la suma de los valores de la variable y el número total de observaciones.
- Media aritmética ponderada. Cuando los valores tienen distinta importancia hay que asignarle una ponderación a cada uno de los valores de la variable.
- Mediana. Dato que ocupa la posición central en la muestra ordenada de menor a mayor.
- Moda. Dato que ocurre con más frecuencia en el subconjunto.

Actividades

1. Calcule los estadísticos descriptivos de los siguientes datos de frecuencia cardíaca: 153, 160, 171, 184, 110, 85, 73.

2.2. Ordenación de los datos

Los datos o variables pueden ser cualitativos (miden una cualidad y se representan con palabras, como por ejemplo el género) o cuantitativos (se miden con un valor numérico, como la edad, la altura o el peso).

Una vez se obtiene el conjunto de datos es importante ordenarlos y simplificarlos empleando para ellos la **distribución de frecuencia,** que es la tabulación de los datos de la variable y sus frecuencias de aparición.

En las distribuciones de frecuencias se puede distinguir entre frecuencias absolutas (FA), el número de veces que se repite un valor, y frecuencias relativas (FR), la frecuencia absoluta expresada como proporción del número total de observaciones. Los datos también se pueden representar a través de la frecuencia absoluta acumulada (FAA), el número de veces que se ha repetido el valor de la variable y cualquier valor menor a este, o la frecuencia relativa acumulada (FRA), frecuencia absoluta acumulada expresada como proporción.

Nota

Las variables cualitativas no se pueden representar con frecuencias acumuladas, ya que no se podrían ordenar.

Si una variable toma muchos valores distintos es aconsejable utilizar distribuciones de frecuencias por agrupación en intervalos de clase, que pueden ser excluyentes (un dato no puede estar en dos intervalos distintos a la vez) o exhaustivos (todos los datos deben estar incluidos en los intervalos).

Actividades

2. ¿Qué tipo de frecuencias se representan con porcentajes? Ofrezca un ejemplo de este tipo de frecuencias en el ámbito del *fitness.*

2.3. Representación gráfica

La representación gráfica de una variable o su distribución refleja la realidad de los datos en una imagen y permite extraer conclusiones sobre el comportamiento de la misma.

El tipo de gráfico ha de ajustarse al parámetro estudiado, lo que da lugar a los siguientes tipos de representaciones:

- Diagrama de barras. A cada dato se le asigna una barra cuya altura representa la frecuencia absoluta o relativa.

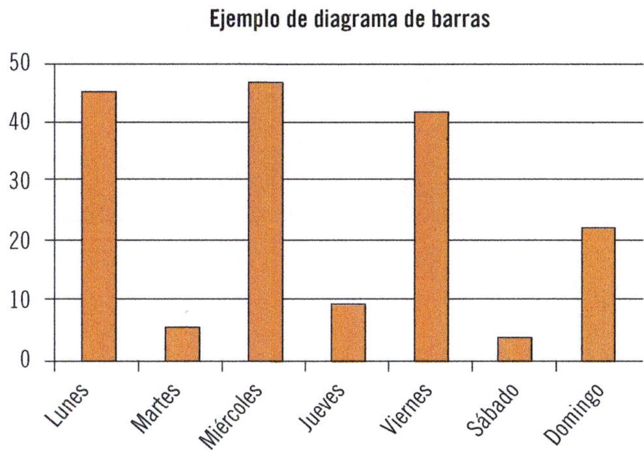

- Diagrama de sectores. Se representa la frecuencia relativa como una porción de un círculo.

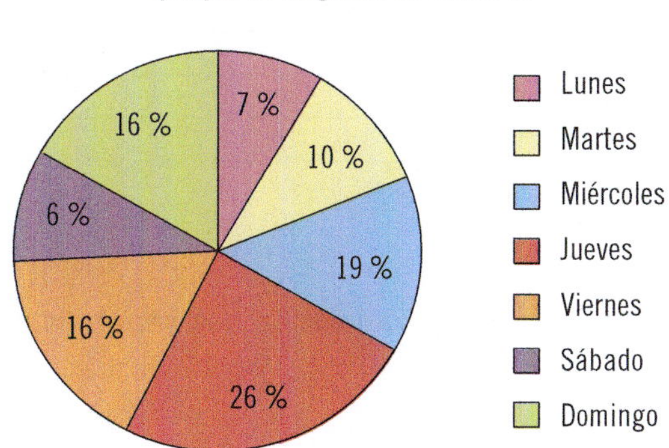

- Histograma. Se representa la frecuencia en el eje vertical y los datos agrupados en intervalos en el eje horizontal, de forma continua.

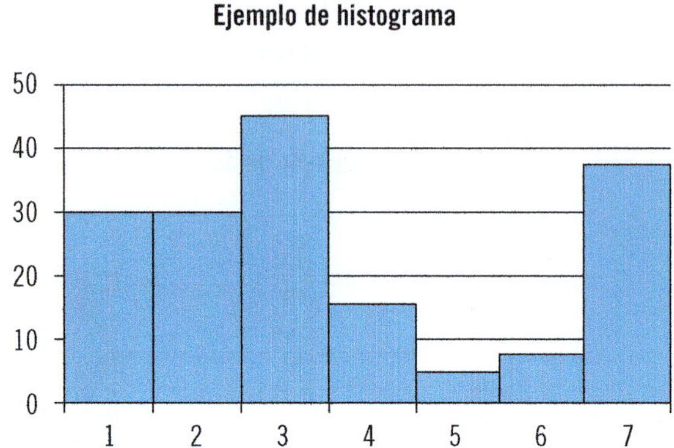

- Polígonos de frecuencias. Muestran el comportamiento de las frecuencias de una variable en forma de curva, delimitando un área por debajo de la misma.

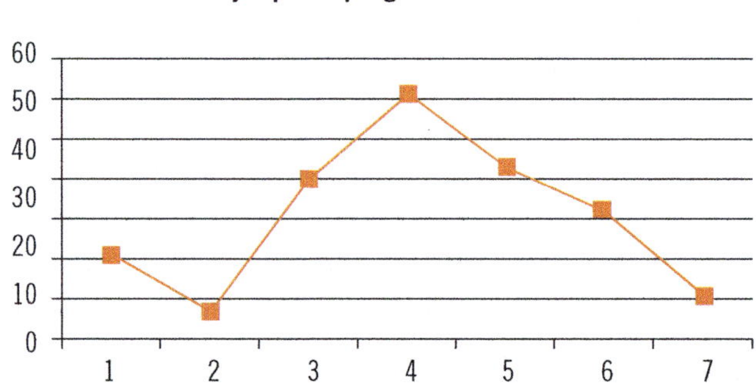

- Diagrama de dispersión. Relaciona dos variables cuantitativas respecto a dos ejes.

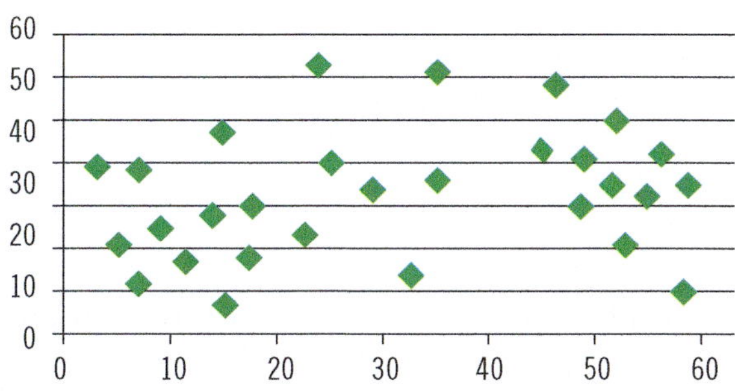

2.4. Normalización de datos

La definición de normalidad es la agrupación de los datos en la zona central y alrededor de la media. Es el comportamiento estándar o típico que presentan los datos de una variable al ser la distribución más frecuente en fenómenos naturales y cotidianos.

Si se representa gráficamente se observa una curva en forma de campana, de ahí que también se denomine campana de Gauss, el nombre del científico que elaboró la ecuación de dicha curva. Sirve como referencia para determinar si una muestra de datos presenta una distribución normal.

Sin embargo, no todos los parámetros siguen esta distribución; también se puede comprobar mediante exploración visual y existen medidas, gráficos y contrastes de hipótesis que ayudan a afirmarlo de manera más rigurosa.

Representación de la curva de normalidad

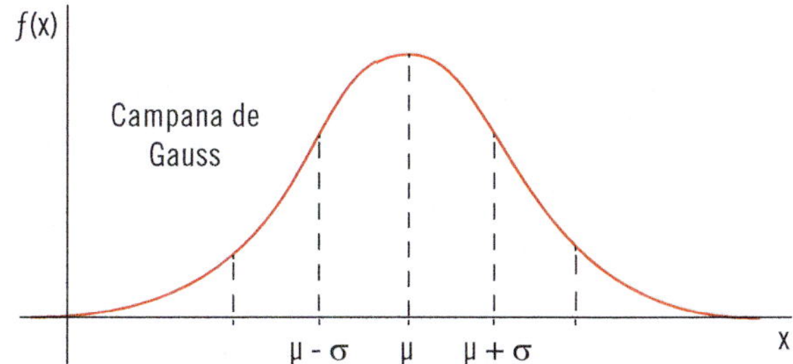

Actividades

3. ¿Qué significa que los datos sigan una distribución normal?

3. Recursos informáticos aplicados a la valoración y registro de test, pruebas y cuestionarios en el ámbito del *fitness*

El objeto del avance en los recursos informáticos es facilitar la valoración y el registro de las distintas pruebas sintetizando los procesos y el tiempo empleados para la obtención y el tratamiento de los datos.

En la actualidad existen multitud de aparatos y programas que captan la información de la realidad, llevan a cabo la transmisión de los datos a las diversas aplicaciones para su posterior análisis y permiten obtener conclusiones sobre el estado del sujeto valorado.

3.1. *Software, hardware* y *app* genéricos y específicos de valoración y registro de test, pruebas y cuestionarios en el ámbito del *fitness*

Un programa muy válido para llevar a cabo evaluaciones de diagnóstico es **Gnome Fitness,** que proporciona un reflejo del estado actual de la persona valorada mediante una serie de datos. Para dispositivos portátiles, la App **BMI, BMR and Fat % Calculator** es fácil y útil para calcular su IMC (Índice de Masa Corporal), relación cintura-estatura, porcentaje de grasa corporal y la tasa metabólica basal (TMB). Es muy útil para la pérdida de peso y planes de entrenamiento.

A través de la introducción del género, edad, estatura, peso, perímetro de cintura, cadera y muñeca, **Gnome Fitness** proporciona el índice de masa corporal (IMC), índice cintura-cadera (ICC), tasa metabólica basal (TMB) y porcentaje de grasa corporal, todos ellos acompañados de una valoración y sus respectivos baremos en los índices. El funcionamiento es tan simple como introducir los datos que el programa solicita. A continuación, se muestran los pasos del proceso de dicha aplicación en imágenes.

Paso 1. Programa Gnome Fitness

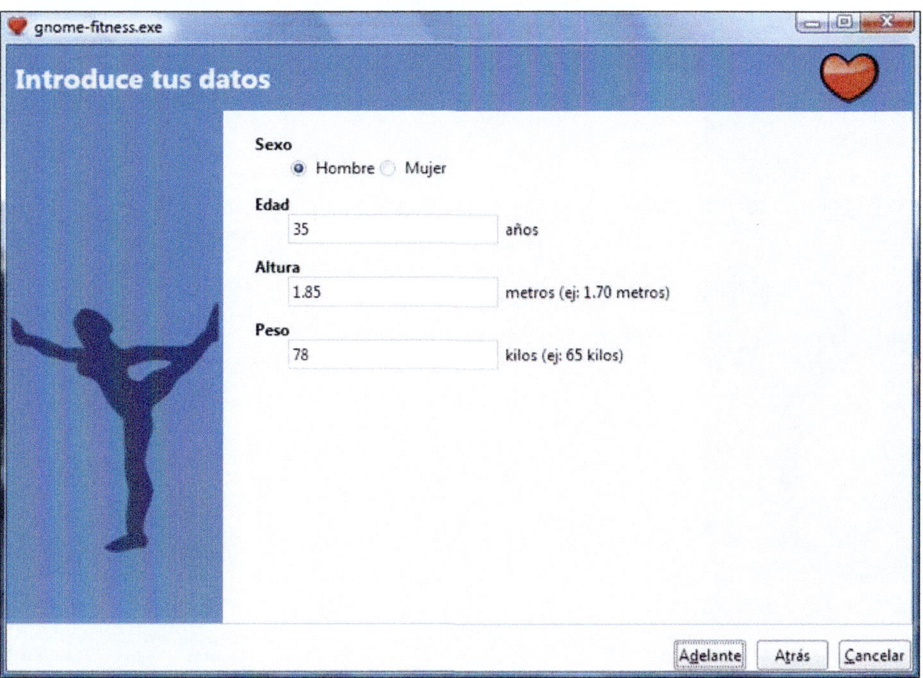

Paso 2. Programa Gnome Fitness

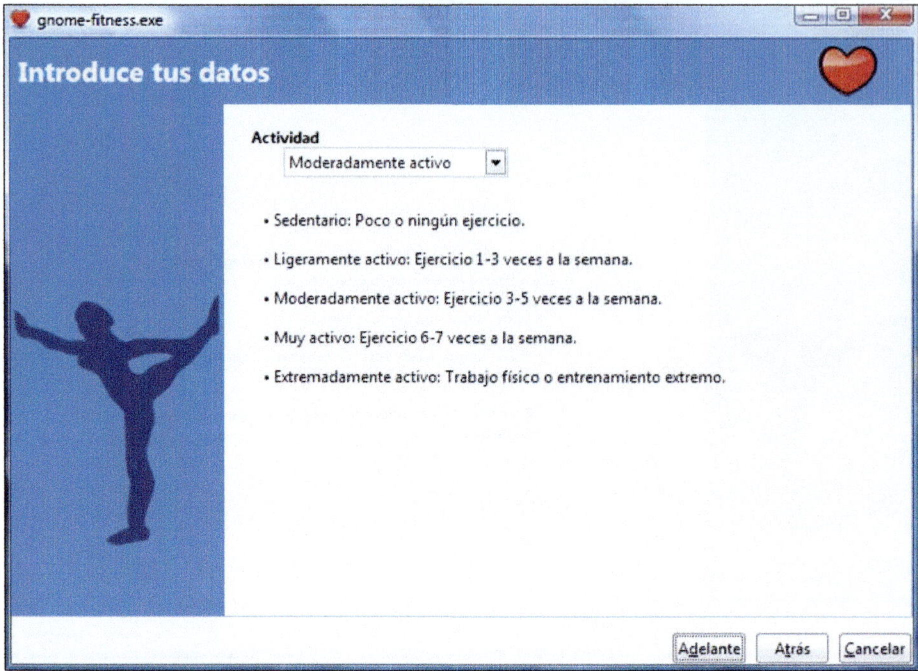

Paso 3. Programa Gnome Fitness

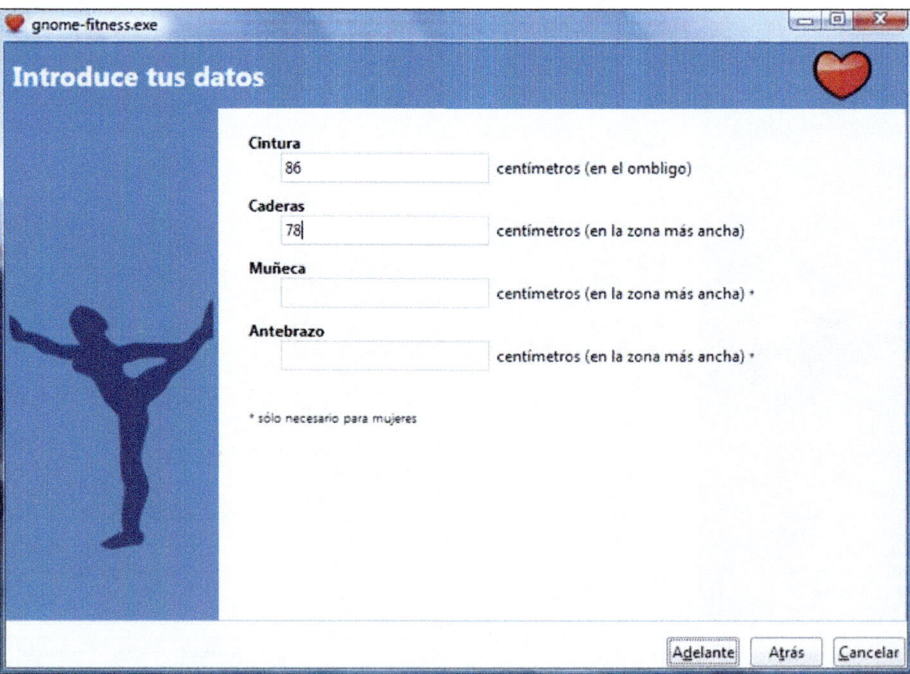

Paso 4. Programa Gnome Fitness

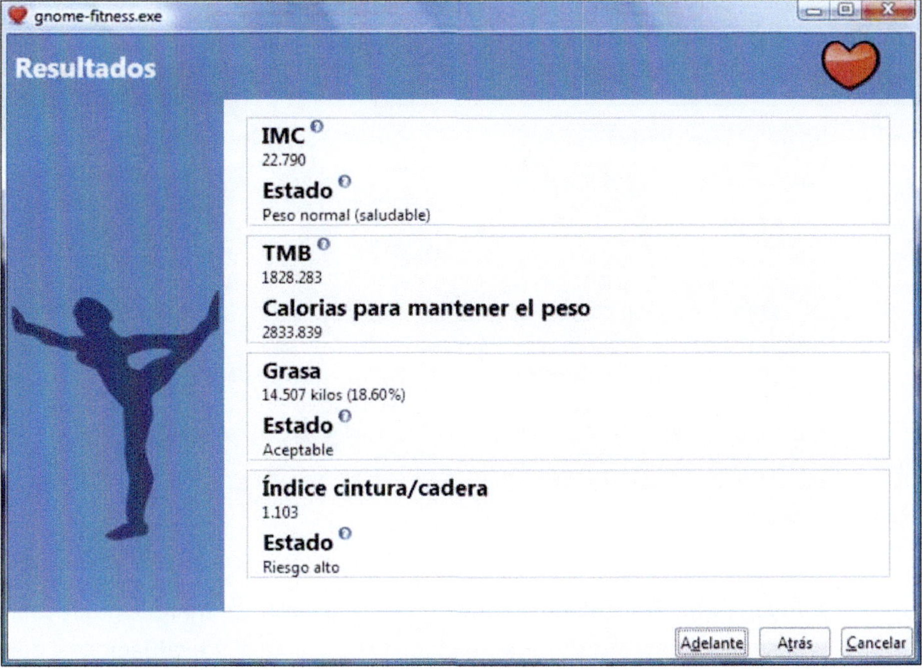

Paso 5. Programa Gnome Fitness

Del mismo modo los pulsómetros, medidores de la frecuencia cardiaca, incorporan diferentes aplicaciones y *software* tan variados como las marcas existentes. A continuación se nombran algunas de las principales:

- Polar:
  - *Polar ProTrainer 5. Software* que ofrece calendario, agenda diaria, pruebas, informes de tiempo de ejercicio en forma de gráficos, tiempo del ejercicio de en zonas de frecuencia cardiaca, distancia y frecuencia cardiaca media, número de ejercicios y ejecución total y ritmo.

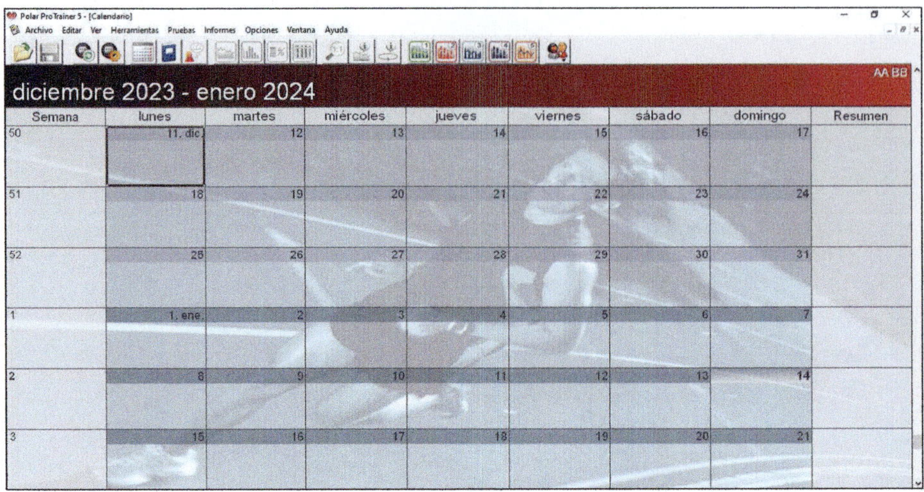

Software Polar ProTrainer 5

- *Polar Beat.* Aplicación para Android que permite marcar objetivos, observar el efecto de la actividad y realizar test y evaluaciones del entrenamiento.

Aplicación para dispositivos móviles Polar Beat

- Suunto.

  - *Software* online que funciona a través del registro en el portal <http//www.movescount.com>. En él se transfieren los datos que recoge el pulsómetro y se realizan cálculos medios de distancia, tiempo, pulsaciones, etc. Además, contiene elementos que ayudan a planificar el entrenamiento.

Portal online <http//www.movescount.com>

  - Existe una amplia gama de apps y plataformas que proporcionan medidas para evaluación de perfiles de fuerza a través del tiempo de contacto, como los *sprints,* los cambios de dirección, los saltos, etc. Marcas como Chronojump, MyJump2, ForceDecks, GymAware, Open Barbell V3 son algunas de ellas.
    En concreto, las plataformas de salto son herramientas que permiten medir y analizar el rendimiento de los saltos, ofreciendo datos cuantitativos sobre la altura, tiempo de vuelo, velocidad de despegue y otros parámetros relevantes.

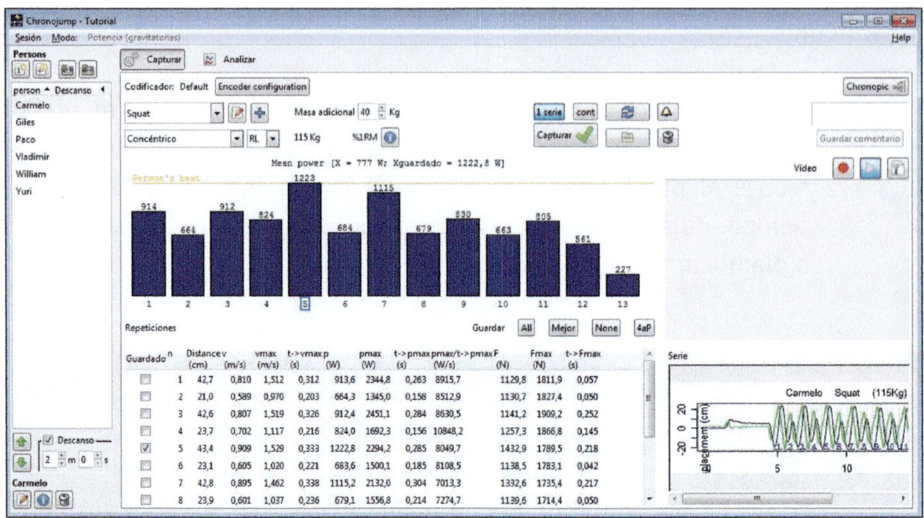

Aplicación para dispositivos móviles Heart Rate Zones 1-5

Igualmente, las máquinas que equipan las salas de los gimnasios (cinta de correr, elípticas o bicicletas estáticas, etc.) poseen marcadores electrónicos que facilitan la obtención de datos cuantitativos de entrenamiento, como la distancia, tiempo, calorías o velocidad, e incluso pueden ofrecer la posibilidad de ejecutar modelos de programas de entrenamiento de forma automática.

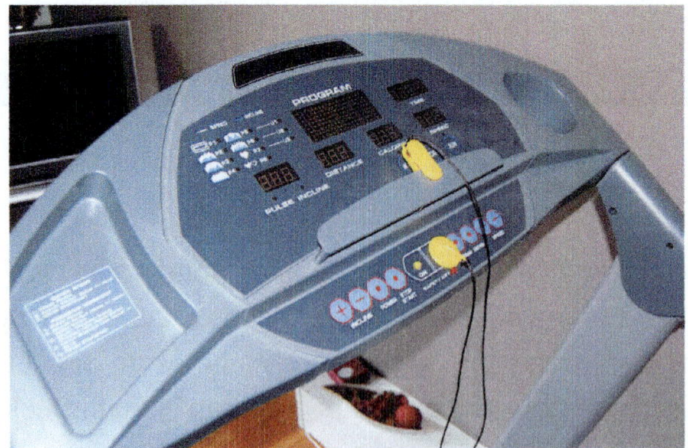

Panel de control de una cinta de correr (© Fotografía: Mark Cox Vía Flickr - CC BY)

Por otro lado se nos presenta la realización del POMS (Perfil de Estado de Ánimo), un test que mide seis estados de humor: tensión, depresión, odio, vigor, fatiga y confusión. Puesto que realizarlo de forma manual resultaba muy laborioso, Antonio Hernández Mendo y Raúl Ramos Pollán diseñaron una aplicación específica para informatizar el proceso. El programa en cuestión posee una base de datos en la que para introducir el perfil de una persona se deben completar los campos pertinentes y pulsar el botón **Añadir.**

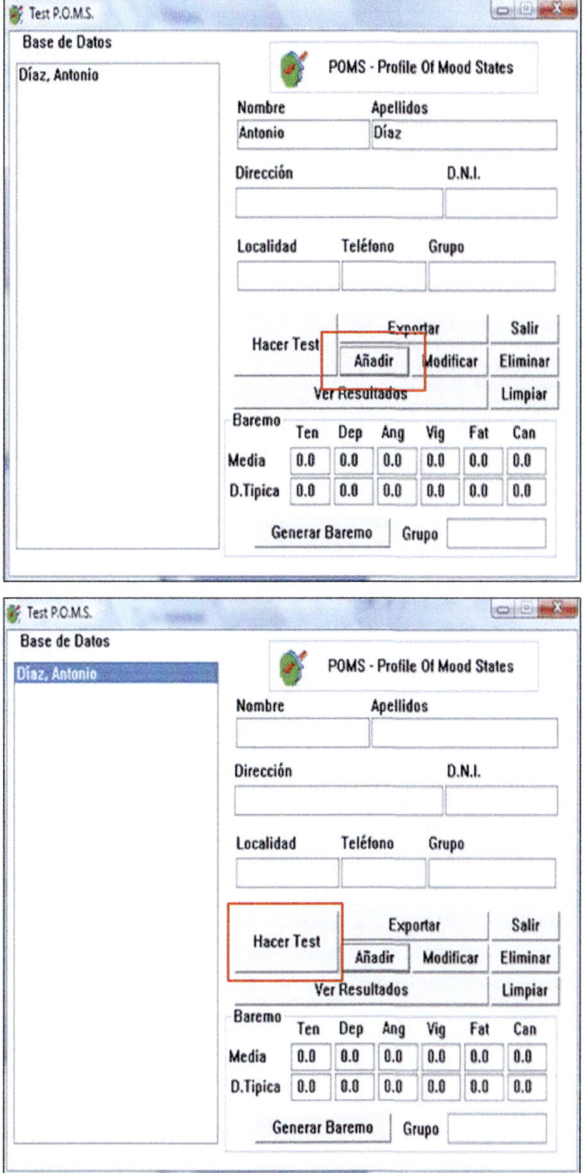

Pasos 1 y 2, programa POMS

A continuación, se debe seleccionar el nombre de la persona indicada y pulsar el botón **Hacer test** para realizar la prueba.

Se introduce la fecha y una clave para poder categorizar la observación y posteriormente se puntúa cada uno de los ítems entre los valores determinados.

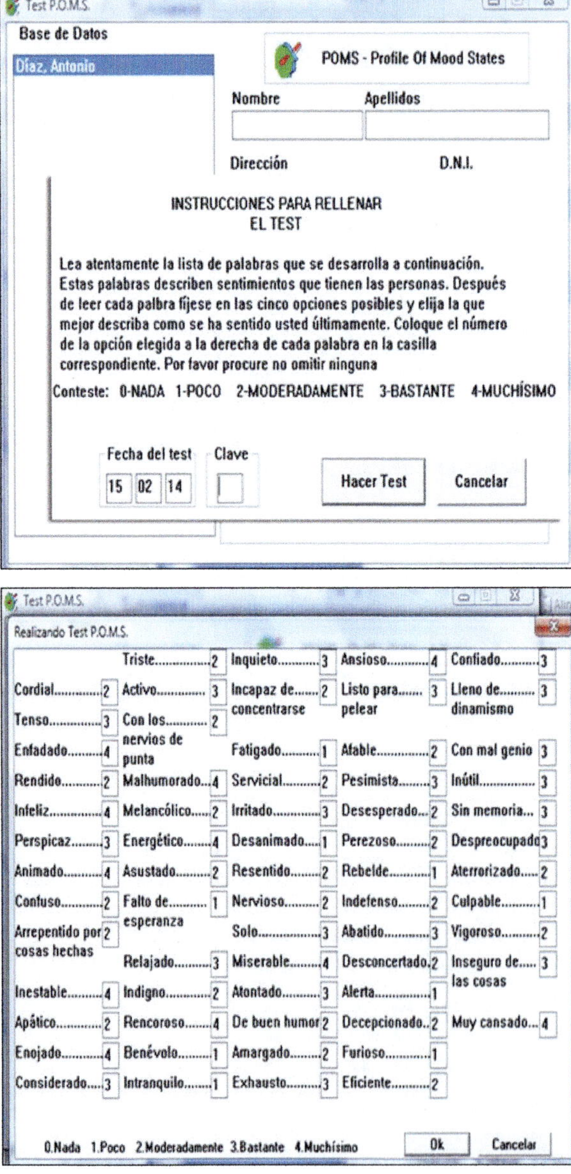

Pasos 3 y 4, programa POMS

Para ejecutar el análisis, se debe seleccionar el perfil de la persona deseada en la base de datos y pulsar el botón **Ver Resultados;** así, aparecerá una pantalla con la gráfica y puntuación de cada usuario. Esta aplicación permite también comparaciones intrasujeto con anteriores mediciones.

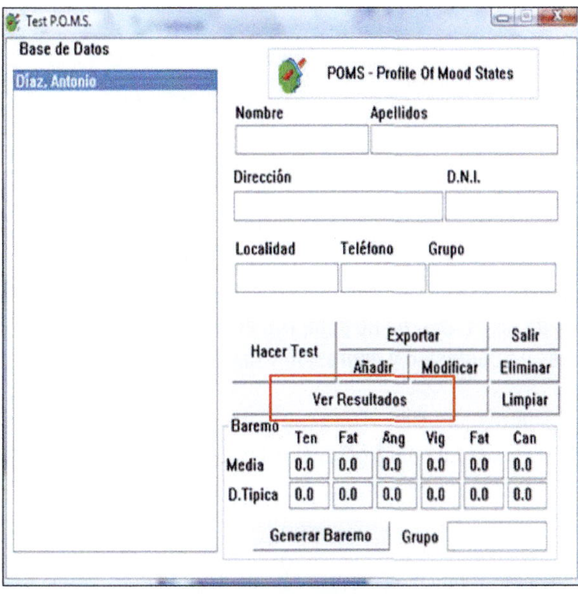

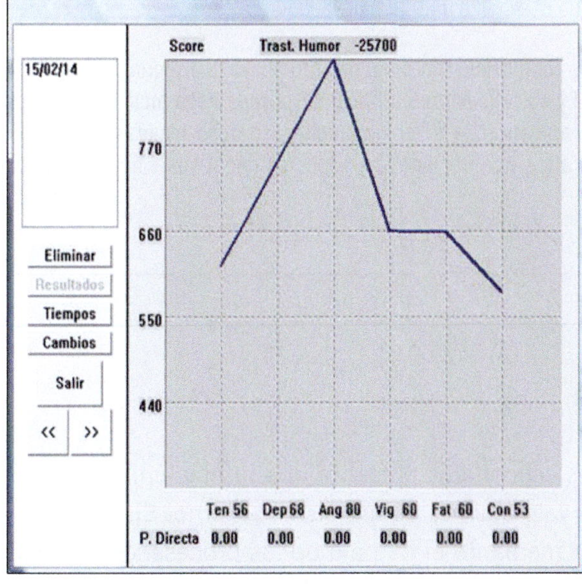

Pasos 5 y 6, programa POMS

Actividades

4. ¿Qué datos proporciona el *hardware* de una cinta de correr estándar? ¿Qué componentes de la carga se miden?

Aplicación práctica

Antonia es una mujer de 48 años que se ha sometido a una evaluación de diagnóstico. Los resultados muestran un IMC de 25,71; RFC de 96 ppm; ICC de 0,82 y, tras la realización del POMS, puntuaciones altas en confusión y depresión y bajas en vigor.

Determine qué tipos de parámetros han sido valorados y plantee cuáles son los objetivos a los que debe aspirar un programa para potenciar las debilidades identificadas.

SOLUCIÓN

Las valoraciones de IMC e ICC son de tipo biológico, el cálculo de la RFC es de tipo físico y las mediciones a través del POMS son de tipo psicológico.

El programa debe mejorar la composición corporal de Antonia, ya que según su IMC (25,71) presenta sobrepeso grado I y en función de su ICC 0,82 posee riesgo moderado. Por otra parte, también se debería aumentar la RFC. Finalmente, se debe mejorar el estado de ánimo debido a que posee altas puntuaciones en aspectos negativos y baja puntuación en aspectos positivos.

3.2. Ofimática adaptada

El uso de aplicaciones específicas presenta una limitación: la incapacidad para ordenar las distintas valoraciones en un mismo entorno. Sin embargo, esta función se puede realizar mediante el manejo de los procesadores de cálculo. En este capítulo se explica cómo utilizar *LibreOffice Calc,* aunque las mismas pautas son válidas para *Microsoft Excel* debido a la similitud existente entre ambos programas.

Las hojas de cálculo permiten distribuir los datos en filas o columnas y conjugarlos a partir de esta ordenación mediante fórmulas o gráficos para establecer análisis y obtener conclusiones sobre ellos.

Para introducir fórmulas hay que seleccionar **Asistente de funciones.** Una vez que aparezca el cuadro de diálogo, se escoge el tipo de función de la lista desplegable ***Categoría*** y posteriormente se elige la fórmula deseada en ***Función.***

A continuación se introducen los valores individualmente o por rangos, seleccionando los datos en la hoja de cálculo. Por último, al realizar este paso, se pulsa **Finalizar.**

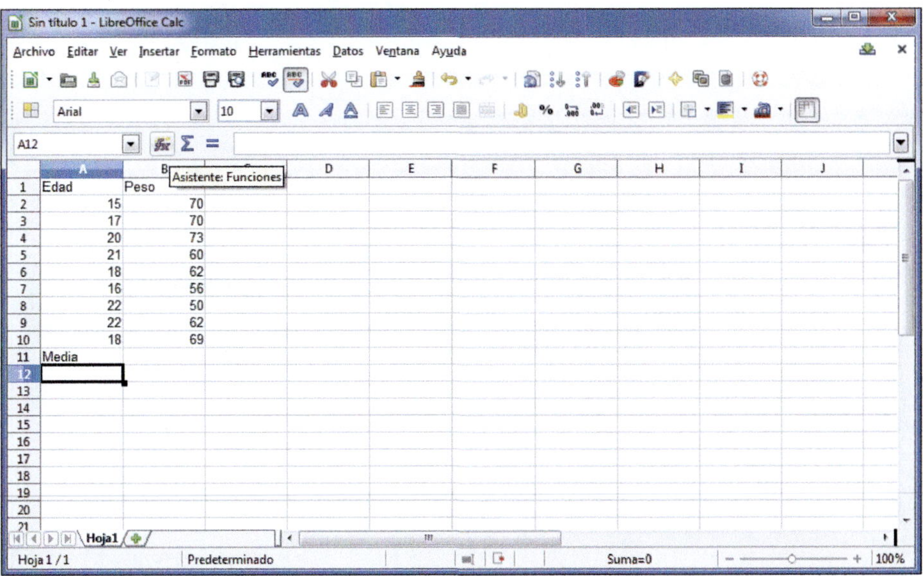

Asistente de funciones en LibreOffice Calc

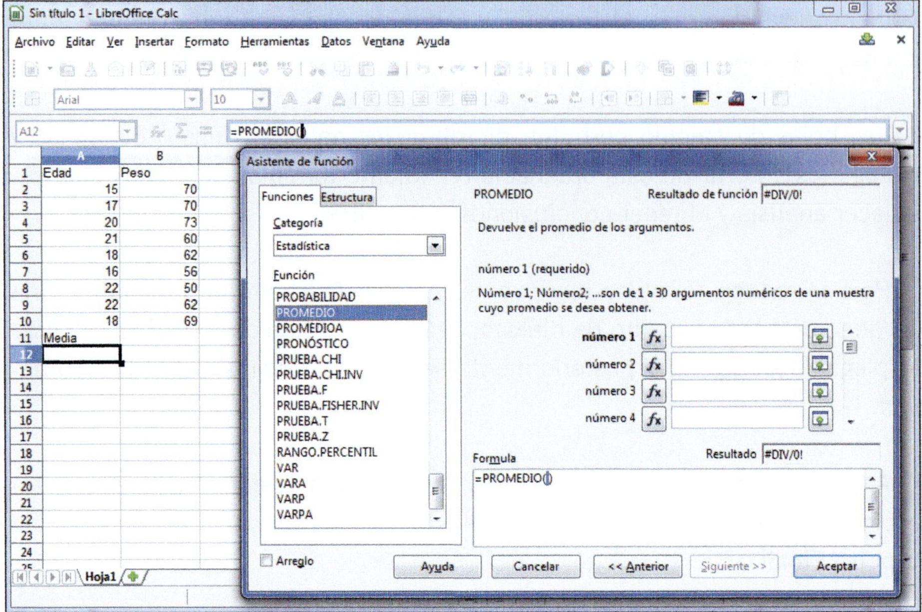

Elección de función en LibreOffice Calc

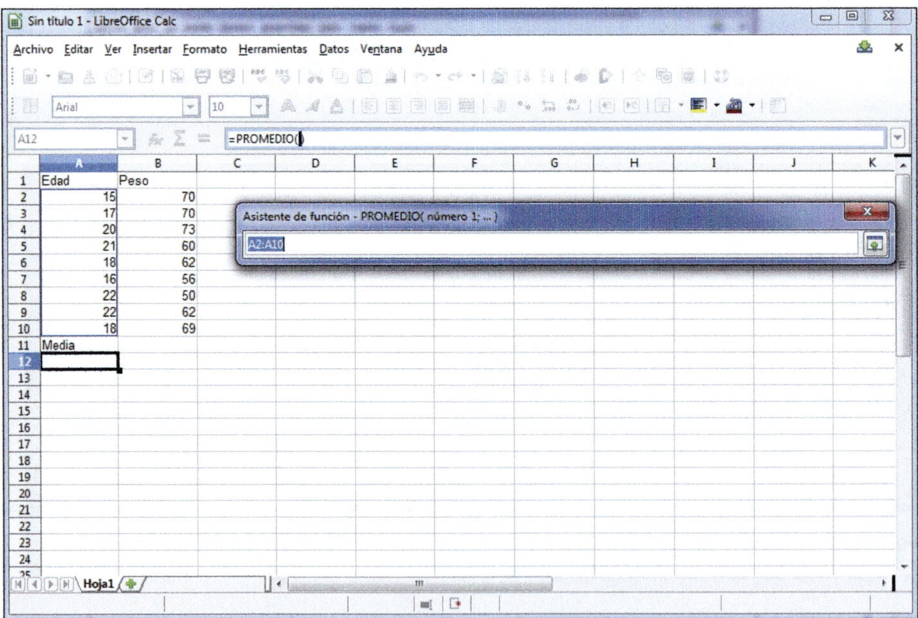

Seleccionar rango de función en LibreOffice Calc

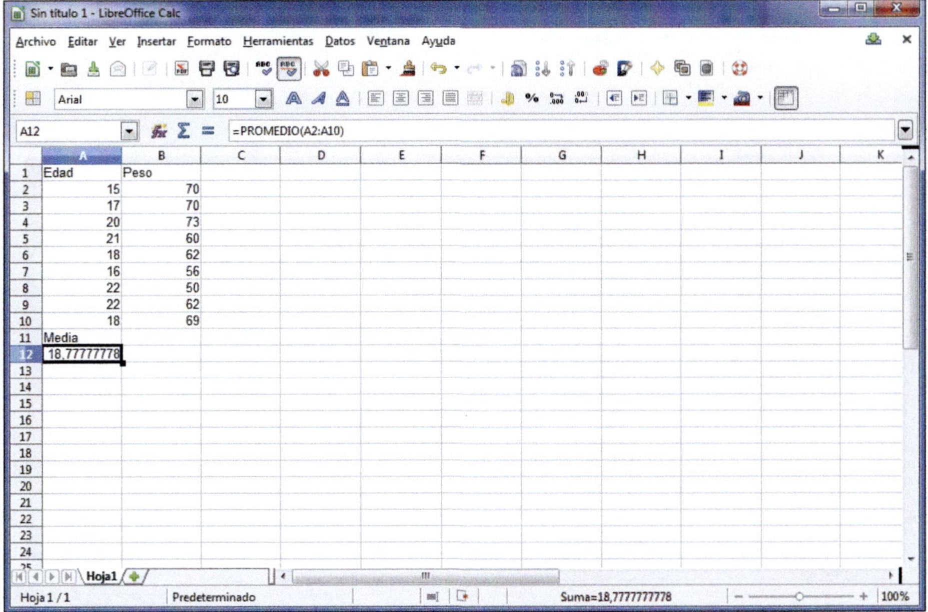

Resultado en LibreOffice Calc

Si por lo contrario se prefiere introducir la fórmula manualmente, hay que hacer clic en la casilla en la que se desee añadir la función, se pulsa seguidamente el botón **Función** y se relacionan las casillas de la hoja de cálculo mediante los símbolos matemáticos pertinentes (“+”, “-“, “*”, “/”, “^”, etc.). Una vez realizado, se teclea [entrar].

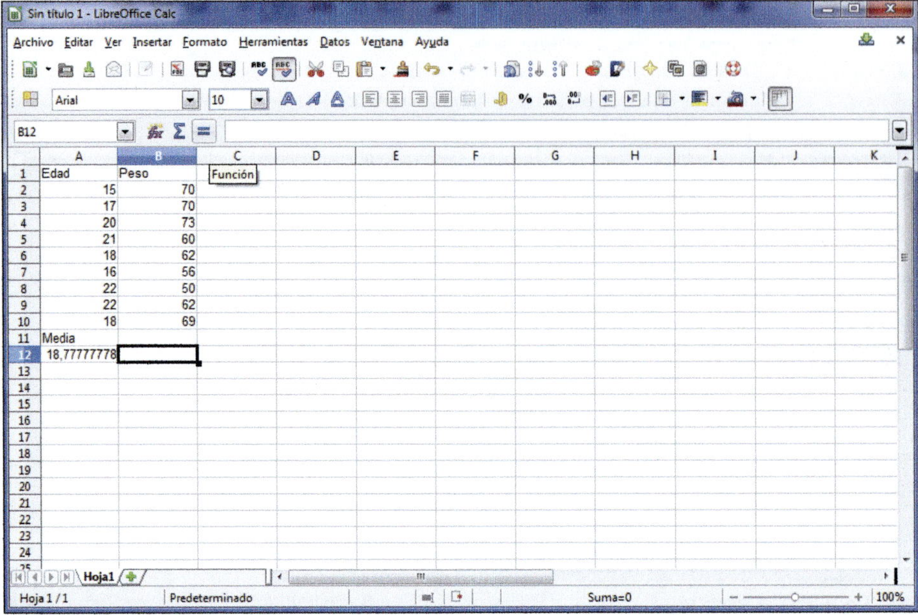

Seleccionar casilla en LibreOffice Calc

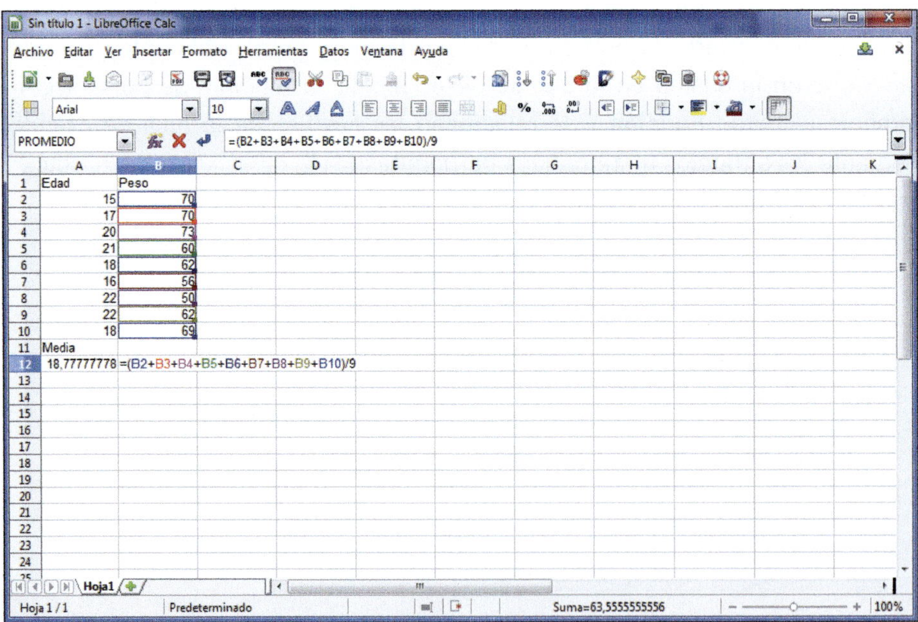

Introducir fórmula en LibreOffice Calc

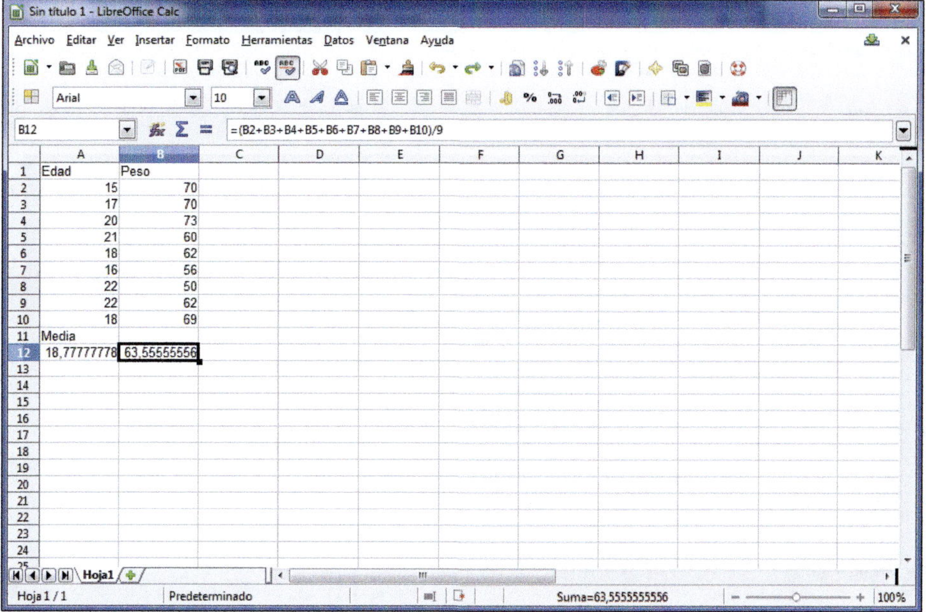

Resultado en LibreOffice Calc

La elaboración de gráficos se realiza mediante un asistente de cuadro de diálogos. El primer paso es introducir los datos en la hoja de cálculo y pulsar el botón **Gráfico;** a continuación se selecciona el tipo de diagrama que más se ajuste a los datos.

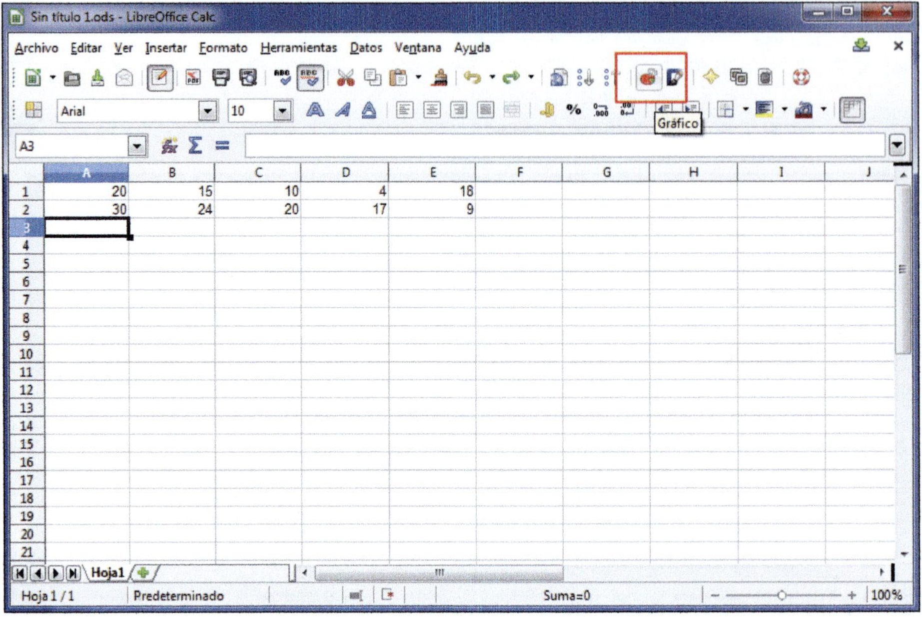

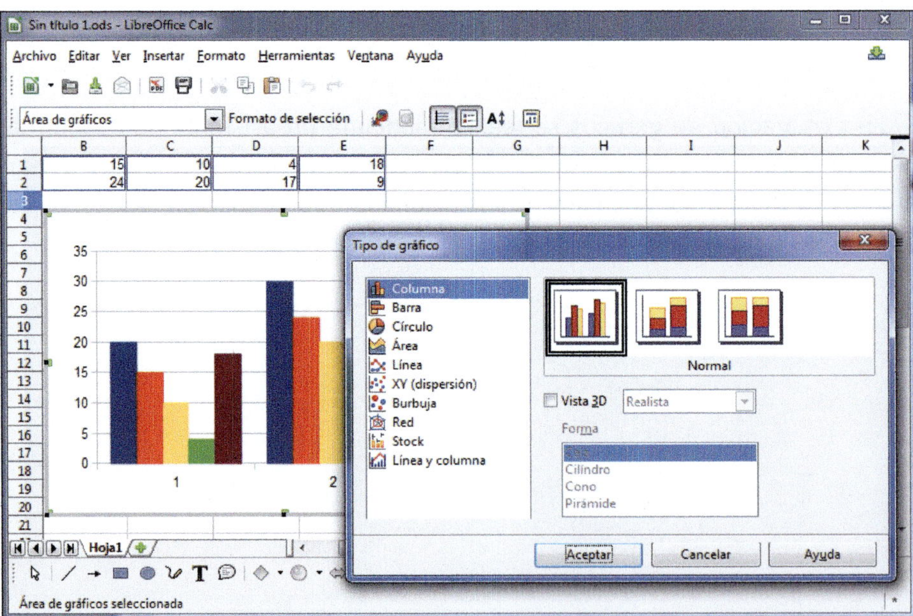

Pasos 1 y 2. Asistente de gráfico en LibreOffice Calc

La siguiente tarea consiste en señalar el rango de datos que se pretende representar, seleccionándolos para ello en la hoja de cálculo. Es posible intercambiar filas por columnas entre las opciones presentadas en el cuadro de diálogo. Después, se introduce el nombre en las distintas series de datos.

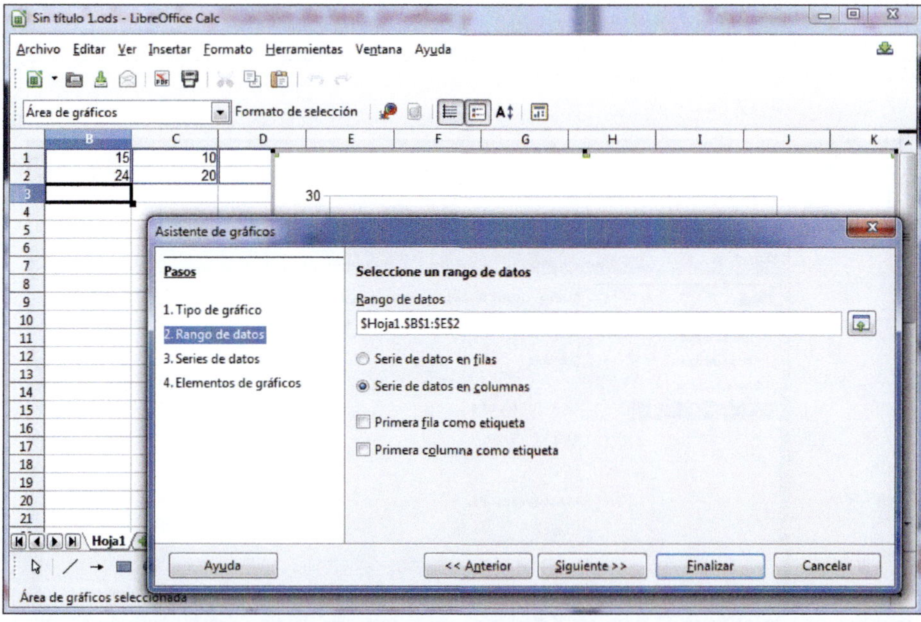

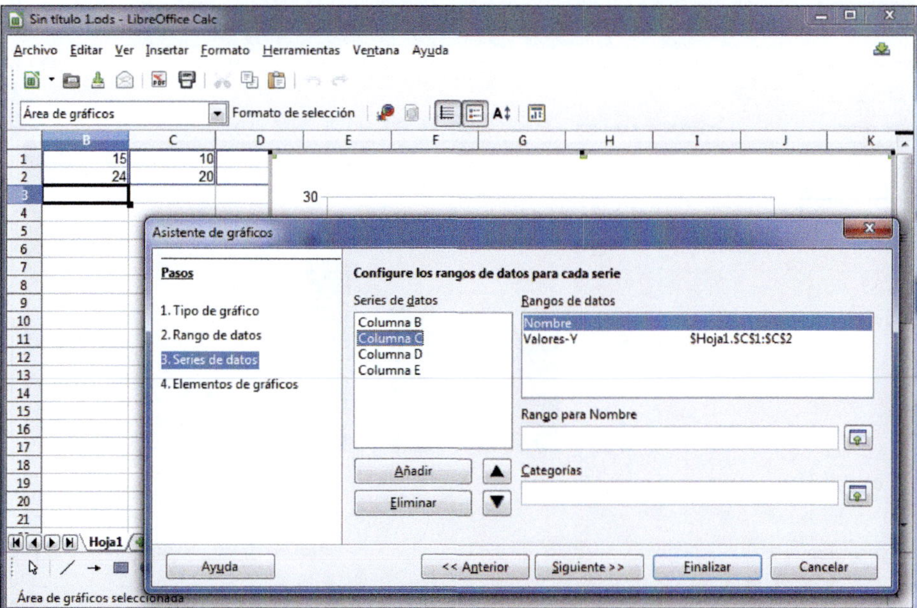

Pasos 3 y 4. Asistente de gráfico en LibreOffice Calc

Para finalizar, podemos escoger otras opciones que ofrece el asistente, como introducir el título del gráfico, el nombre de los ejes o la leyenda. Una vez completado se hace clic en **Finalizar.**

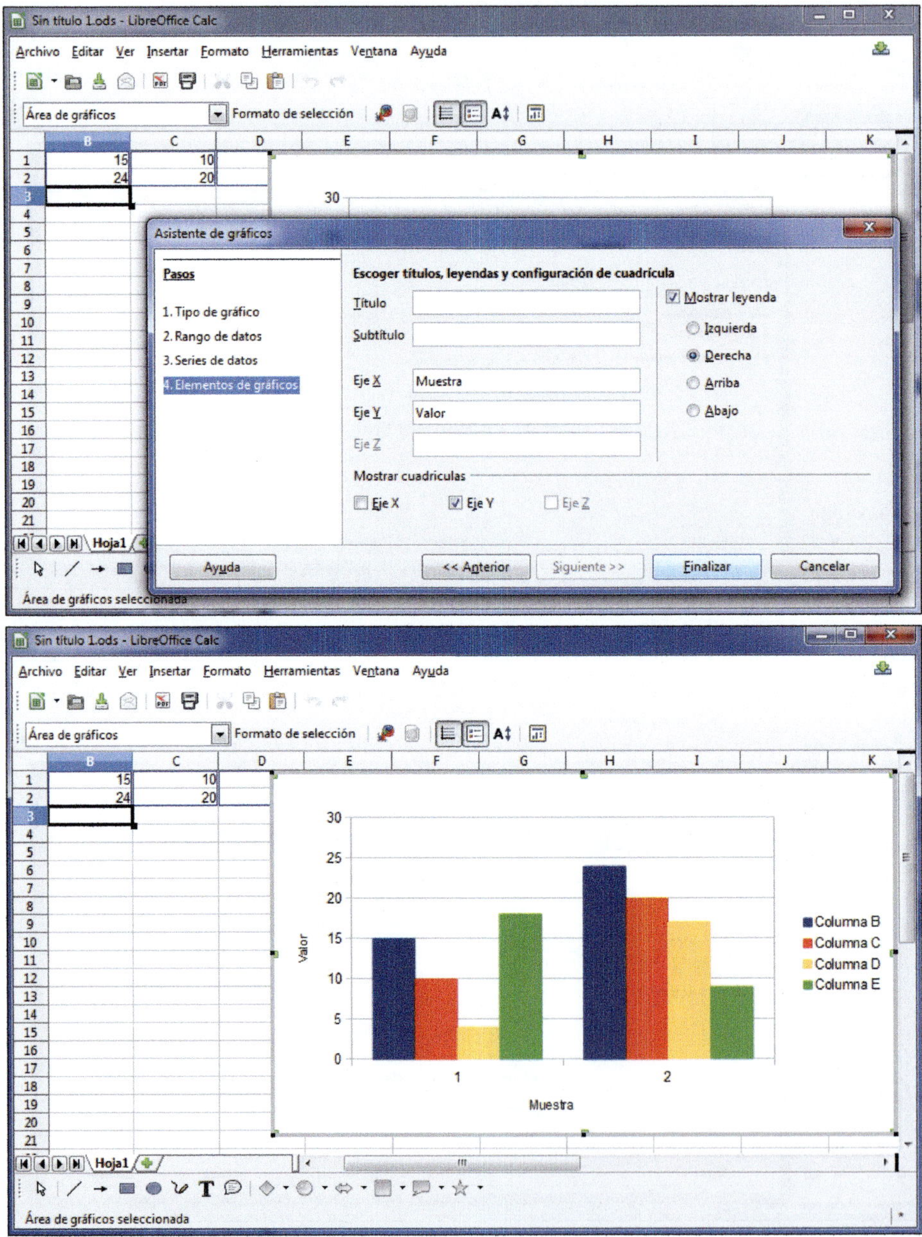

Pasos 5 y 6. Asistente de gráfico en LibreOffice Calc

Actividades

5. Busque en internet aplicaciones que usen hojas de cálculo en el ámbito del *fitness*.

4. Integración y tratamiento de la información obtenida

El uso y la aplicación de los distintos test o pruebas confieren una gran cantidad de datos que se deben integrar para obtener una visión global del estado de la persona evaluada.

4.1. Modelos de documentos

A la hora de reunir la información en un mismo documento, este debe responder a las necesidades específicas de cada valoración; sin embargo, de forma general se establecen mediciones comúnmente usadas por multitud de aplicaciones respecto a la evaluación de la actividad.

En función de su tipología, se puede diferenciar por un lado las actividades de fuerza, marcadas por la carga, el número de series y repeticiones y el tiempo de descanso, y por otro las de resistencia, descritas a través de la duración, la distancia, la velocidad o el ritmo. Ambas pueden estar acompañadas de mediciones de las pulsaciones por minutos y el gasto calórico.

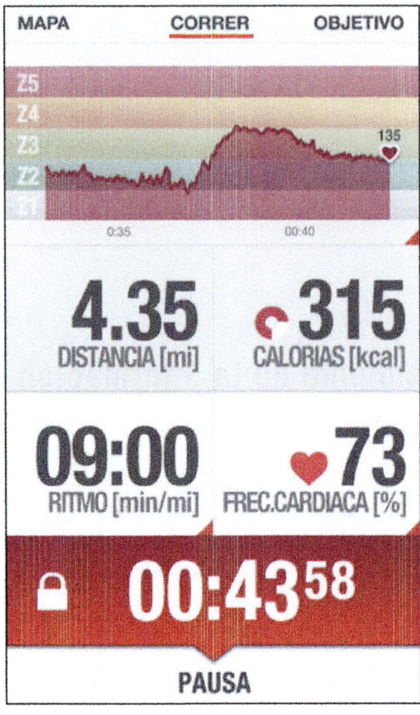

Modelo de documento de Polar Beat

Otra perspectiva a seguir para confeccionar documentos son los periodos temporales: semanas, meses, ciclos de entrenamiento, etc. Para ello es conveniente incorporar los valores mínimos, máximos y promedios de los distintos componentes de la carga del entrenamiento, ya que de esta forma se podrá presentar la evolución posteriormente a través de datos o gráficos.

4.2. Registro físico

El registro de los diferentes parámetros dependerá de la recogida de información, que puede realizarse mediante observación y anotación directa, por estimación o cálculo indirecto o mediante procesos tecnológicos como es el caso de la frecuencia cardíaca, que se transfiere desde el pulsómetro vía *bluetooth,* infrarrojos o por conexión USB.

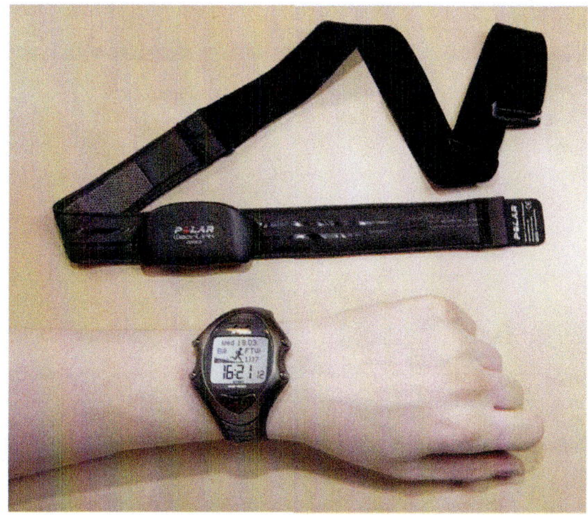

Modelo de pulsómetro Polar

La herramienta más utilizada para llevar a cabo este proceso es el diario de entrenamiento; de hecho, la mayoría de las aplicaciones existentes se basan en la recogida de información a través de un registro de actividades diarias que se caracterizan por parámetros como el tipo, la duración o la intensidad englobados en un calendario.

4.3. Soportes y recursos informáticos

Entre los distintos programas que satisfacen las necesidades mencionadas en el apartado anterior se encuentra *Sport Tracks 3.1.*, un *software* gratuito que contribuye a la recolección de información del sujeto y ayuda con las actividades de las sesiones de entrenamiento. El registro de la información puede realizarse de forma manual o a través de un GPS y establece análisis mediante tablas y gráficos en función de los parámetros anotados, que pueden ser tiempos, distancias, calorías consumidas o el IMC. Un elemento muy actual es la posibilidad de exportar el registro a través de las redes sociales.

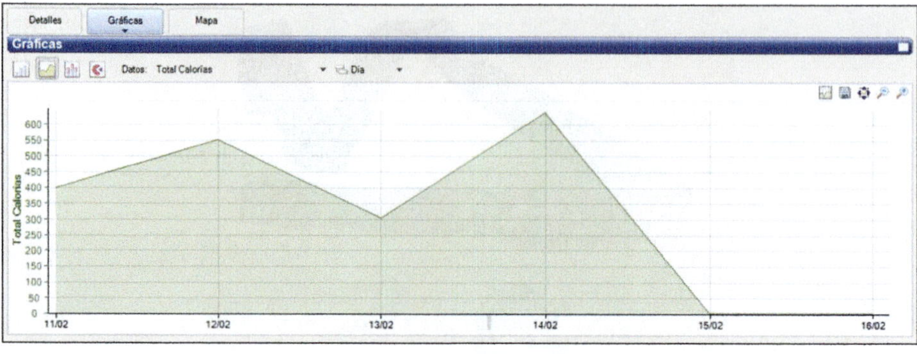

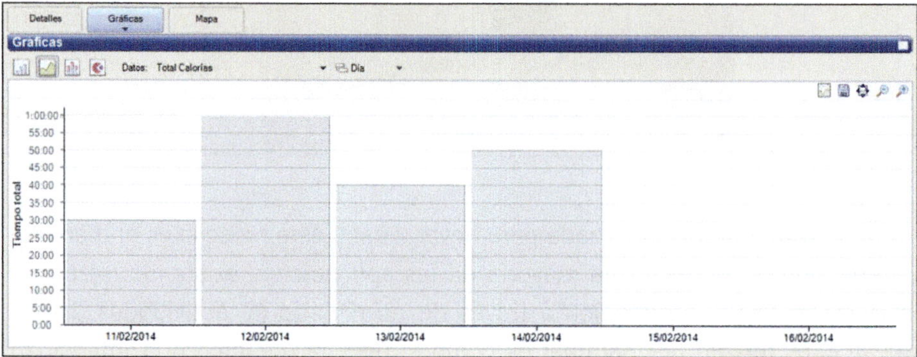

Ejemplos de gráficos de Sport Tracks 3.1.

Otra aplicación popular es *Adidas Running,* que es gratuita y posee funciones similares a la anterior. El registro de la actividad depende exclusivamente del GPS y se realiza a través de la instalación de dichas aplicaciones en los dispositivos móviles, que también ofrecen la posibilidad de compartirlo a través de las distintas redes sociales. Su notoriedad se ha basado en la posibilidad de unirse a retos planteados en dichos medios con el fin de hacer partícipe al usuario.

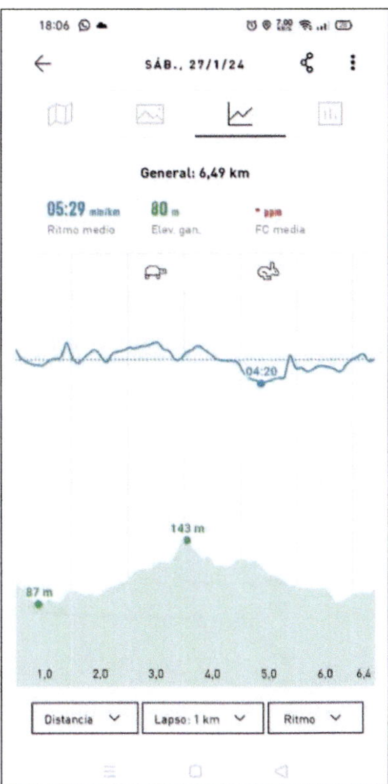

Ejemplo de informe de Adidas Running

Aplicación práctica

En el siguiente caso se muestran cuatro mediciones (una evaluación de diagnóstico, dos orientativas y una final) que se han realizado a un sujeto tras un entrenamiento de 6 semanas con el objetivo de aumentar su fuerza y disminuir su porcentaje graso:

Evaluación	Fecha	Peso (kg)	% Grasa corporal	RM del press de banca
Diagnóstico	06/01/2024	84,9	15,4	45
Orientativa 1	20/01/2024	84,3	15,3	48

Continúa en página siguiente >>

<< Viene de página anterior

Orientativa 2	03/02/2024	82,5	14,8	52
Final	17/02/2024	80	13	59

Indique las modificaciones causadas por el entrenamiento y presente la evolución de forma gráfica utilizando recursos informáticos.SOLUCIÓN

El entrenamiento ha aumentado la RM en el press de banca de 45 kg a 59 kg al finalizar. El porcentaje graso ha disminuido un 2,4 %.

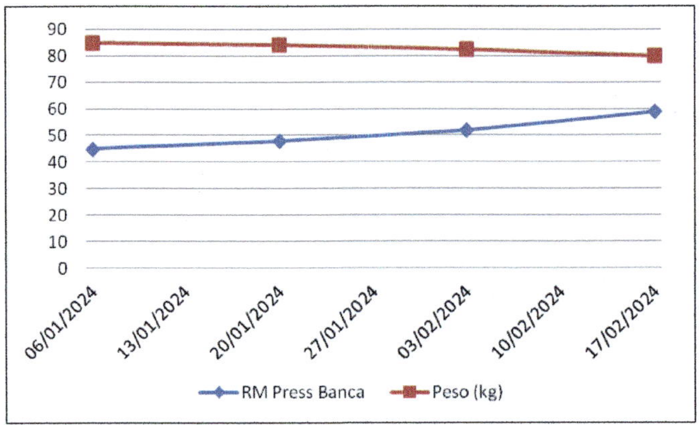

Actividades

6. Reflexione sobre los parámetros que registraría en un diario para efectuar un control del ejercicio. Use como referencia las aplicaciones mencionadas o similares.

4.4. Flujo de la información: ubicación y comunicación de los datos elaborados

El conjunto de información obtenida a través de las diferentes herramientas facilitadas debe ser recogido y comunicado a los sujetos, teniendo en cuenta que al tratarse de información personal se ha de actuar con respeto hacia la persona evaluada para garantizar y proteger el honor y la intimidad personal y familiar. En la actualidad, la legislación de protección de datos en España se rige principalmente por la Ley Orgánica 3/2018, de 5 de diciembre, de Protección de Datos Personales y garantía de los derechos digitales (LOPDGDD) y el Reglamento (UE) 2016/679 del Parlamento Europeo y del Consejo, conocido como el Reglamento General de Protección de Datos (RGPD). Se establecen varios principios fundamentales para el tratamiento de datos personales, que son los siguientes:

1. **Principio de licitud, lealtad y transparencia:** el tratamiento de datos debe realizarse de manera lícita, leal y transparente para el interesado.
2. **Principio de limitación de la finalidad:** los datos personales deben recogerse para fines específicos, explícitos y legítimos, y no deben ser tratados de manera incompatible con esos fines.
3. **Principio de minimización de datos:** se deben recoger solo los datos personales que sean adecuados, pertinentes y limitados a lo necesario para los fines para los cuales son procesados.
4. **Principio de exactitud:** los datos deben ser exactos y, si es necesario, actualizados. Se deben tomar medidas razonables para garantizar que los datos inexactos se borren o rectifiquen sin demora.
5. **Principio de limitación del plazo de conservación:** los datos personales deben ser mantenidos de manera que se permita la identificación de los interesados durante no más tiempo del necesario para los fines del tratamiento.
6. **Principio de integridad y confidencialidad:** los datos deben ser tratados de manera que se garantice una seguridad adecuada, incluida la protección contra el tratamiento no autorizado o ilícito y contra su pérdida, destrucción o daño accidental.
7. **Responsabilidad proactiva:** el responsable del tratamiento es responsable de cumplir con los principios de protección de datos y debe poder demostrar dicho cumplimiento.

Por todo ello la ubicación de la información, esté informatizada o no, debe preservarse y no exponerse a terceros. Para tal fin ya se ha explicado en capítulos anteriores el uso de hojas de cálculo, pero también se pueden utilizar bases de datos genéricas, específicas u otras aplicaciones.

Por último, a la hora de comunicar los datos de las evaluaciones es importante establecer unos criterios generales que guíen la comunicación de la información recopilada:

- **Atender las necesidades especiales.** Distinguir el trato a personas con alguna discapacidad o limitaciones de cualquier índole. Conocer a quién se dirige la información y presentarla acorde a sus circunstancias.
- **Individual o grupal.** Por lo general la información ha de transmitirse de forma individual, solo se efectuará de forma grupal en casos excepcionales y cuando el contenido de la misma se ajuste a un grupo.
- **Información hablada, por escrito o mediante gráficos.** El tipo de canal dependerá de la información (medios para establecer texto y gráficos) y la persona. En cualquier comunicación es conveniente el trato directo mediante una conversación acompañada de la información recogida en un informe.
- **Momento de la comunicación.** Puede ser al principio (la información puede motivar para realizar la sesión) o al final del ejercicio, o bien dedicar un día exclusivamente para ello. Este momento ha de tener un clima distendido y que propicie la interacción con la persona.
- **Distribución de información.** La exposición se inicia con una descripción breve de lo realizado para recabar la información, los resultados obtenidos y la valoración de los mismos. Las evaluaciones positivas y negativas se pueden intercalar o separar en función del objetivo perseguido.
- **Escuchar valoraciones propias de la persona en cuestión.** Se debe propiciar un espacio para que la persona exponga sus impresiones sobre la información o para intercambiar opiniones y reforzar los resultados obtenidos.
- **Perspectivas de mejora o superación.** Para finalizar la comunicación es importante tener en cuenta este paso: tras las conclusiones derivadas del análisis, se debe guiar un esquema orientado a los aspectos mejorables y las potencialidades descubiertas o creadas.

Por lo tanto, todos estos criterios podrán ser aplicados con mayor o menor rigor en función de la relación establecida con el sujeto, teniendo en cuenta que existen personas más introvertidas y distantes y otras más extrovertidas y cercanas, y siempre manteniendo la formalidad y respeto por la información y el usuario.

Actividades

7. Realice una búsqueda sobre cómo comunicar la información a personas con alguna discapacidad visual o auditiva.

Aplicación práctica

Al finalizar un período de un programa de ejercicio, se pretende realizar una comunicación sobre las evaluaciones realizadas a dos personas mayores con dificultades para leer que están unidas por una estrecha amistad . En ellas se van a incluir datos que reflejan la evolución en aspectos como la composición corporal, las variables fisiológicas y físicas o distintas pruebas psicológicas y sociales. Para una persona la valoración global resulta negativa y para la otra es positiva. ¿Cómo realizaría el encuentro, individual o colectiva? Realice un esquema en el que se plantee la reunión con estas personas.

SOLUCIÓN (posible solución)

En primer lugar, las evaluaciones se presentarían de forma individual, aunque si ambos lo solicitan y teniendo en cuenta además su amistad previa, podría realizarse de forma colectiva.

El esquema a seguir sería el siguiente:

- Se acordaría el encuentro de forma individual, en un espacio recogido y privado.
- La información se transmitiría principalmente de forma oral, acompañada de un gráfico con texto en letras de tamaño fácilmente legible e intentando incluir los datos en forma de gráficas lineales.

Continúa en página siguiente >>

<< Viene de página anterior

- El momento de la comunicación sería al finalizar la sesión.
- Seguidamente se le recordaría de forma breve las pruebas realizadas y el objetivo para el que se escogieron, además de los resultados obtenidos y una valoración apoyada en el informe realizado.
- Durante o después de la transmisión de las evaluaciones se deben hacer preguntas o bien dejar tiempo para escuchar las opiniones y valoraciones propias de la persona, así como reforzar los resultados obtenidos.
- Por último, se presentaría y animarían las perspectivas de mejora o superación a través de retos o cambios a llevar a cabo.

---

5. Resumen

La estadística juega un papel esencial en el análisis de los resultados obtenidos en los test, pruebas y cuestionarios. Al conjunto total de observaciones se le denomina muestra y la descripción de los datos se puede obtener a través de parámetros de tendencia central como la media, la moda, la mediana, etc.

La ordenación de las variables se realiza en función de su naturaleza (cualitativa o cuantitativa) y se organiza mediante la agrupación los datos en frecuencias absolutas y relativas. Atendiendo a este criterio, la representación gráfica ofrece distintas opciones de diagramas.

Por otra parte, la gran variedad de pruebas sobre los distintos parámetros que pueden ser objetos de medición ha permitido que el avance de las tecnologías satisfagan las necesidades de obtención de los datos.

En el ámbito del *fitness,* los diversos aparatos que monitorizan el ejercicio trasfieren los datos a *software* de análisis; entre ellos se encuentran los pulsómetros, cintas de correr, bicicletas estáticas, etc. Por lo tanto, entre la amplia gama de aplicaciones se distinguen dos clases: las específicas y las generales. El apoyo en recursos ofimáticos permite asimismo una mayor concreción e individualización de las distintas evaluaciones.

Debido a la progresión en la recogida y tratamiento de los datos por los distintos medios, la forma de integrarlos en una evaluación global del estado del sujeto se realiza de forma automatizada y rápida. De ahí que los modelos de documentos de las aplicaciones y soportes informáticos transmitan la información de forma gráfica y dinámica. Entre los parámetros que se pueden reflejar encontramos el tipo de actividad, la duración o la intensidad.

Es importante tener en cuenta que el tratamiento de datos de los usuarios debe regirse por los principios establecidos en la legislación de Protección de Datos Personales y garantía de los derechos digitales. Además, la comunicación de la información debe atender a unos criterios que guíen la comunicación de la información recogida, tales como la atención de necesidades especiales, la comunicación de forma individual o grupal, el formato, el momento, la distribución de la información, la necesidad de escuchar a la persona y la propuesta de perspectivas de mejora o superación.

Ejercicios de repaso y autoevaluación

1. De las siguientes frases, indique cuál es verdadera o falsa.

a. La población posee más casos que la muestra.

- ☐ Verdadero
- ☐ Falso

b. La muestra posee más casos que la población.

- ☐ Verdadero
- ☐ Falso

2. De las siguientes frases, indique cuál es verdadera o falsa.

a. La media es una medida de la estadística inferencial.

- ☐ Verdadero
- ☐ Falso

b. La media es una medida de la estadística descriptiva.

- ☐ Verdadero
- ☐ Falso

3. ¿Con qué medida de la estadística descriptiva se corresponde la reserva de frecuencia cardíaca?

____

____

____

____

4. Relacione las distintas variables con su correspondiente categoría:

a. Calorías
b. Género
c. Distancia (m)
d. Sedentarismo

__ Cualitativas
__ Cuantitativas

5. Calcule las frecuencias absolutas y relativas, así como sus frecuencias acumuladas de los siguientes datos: 14, 15, 14, 17, 16, 18, 17, 15, 18, 17.

EDAD	FA	FAA	FR	FRA

6. ¿Qué tipo de gráfico utilizaría para representar la evolución del peso respecto al tiempo?

7. ¿Qué tipo de gráfico utilizaría para representar las diferencias de sexo en una clase de aeróbic?

8. ¿Qué tipo de representación gráfica utilizaría para representar el porcentaje de tiempo empleado en la realización de diferentes actividades a lo largo de un programa de ejercicio?

9. ¿Qué tipo de valoración realiza el programa *Gnome Fitness?*

10. De las siguientes frases, indique cuál es verdadera o falsa.

a. El pulsómetro, entendido como el conjunto de reloj y banda con dispositivo, es un *hardware.*

- ☐ Verdadero
- ☐ Falso

b. El pulsómetro, entendido como el conjunto de reloj y banda con dispositivo, es un *software.*

- ☐ Verdadero
- ☐ Falso

11. Indique cuál de las siguientes afirmaciones es correcta.

a. Las aplicaciones para dispositivos móviles registran parámetros de valoración física y fisiológica del ejercicio.
b. Las aplicaciones para dispositivos móviles no registran parámetros de valoración física y fisiológica del ejercicio.

12. En una hoja de cálculo, escriba la función que introduciría en la barra de fórmulas para el cálculo de la FC máxima teniendo en cuenta que la edad está situada en la casilla A2.

____
____
____
____

13. Indique qué parámetros recogería en un documento de entrenamiento de fuerza.

____
____
____
____

14. ¿Mediante qué tecnología funciona la aplicación *Adidas Running?*

____
____
____
____

15. Complete los espacios con palabras:

En la comunicación de la información el primer paso es atender a las __________ __________, así como distinguir el trato a personas con alguna __________ o __________ de cualquier índole y conocer a quién se dirige la __________ para __________ acorde a sus circunstancias.

Bibliografía

Monografías

- DUFOUR, M.: *Anatomía del aparato locomotor. Tomo 1: Miembro inferior.* Barcelona: MASSON, 2003.

- DUFOUR, M.: *Anatomía del aparato locomotor. Tomo 2: Miembro superior.* Barcelona: MASSON, 2003.

- DUFOUR, M.: *Anatomía del aparato locomotor. Tomo 3: Cabeza y tronco.* Barcelona: MASSON, 2003.

- HERNÁNDEZ Mendo, A., RAMOS Pollan, R.: *"El uso de la informática en la psicología del deporte".* Lecturas: Educación Física y Deportes, revista digital, 2000.

- JAENES Sánchez, J. C., CARACUEL Tubío, J. C.: *Maratón. Preparación psicológica para el entrenamiento y la competición.* Córdoba: Almuzara, 2016.

- LÓPEZ Chicharro, J., FERNÁNDEZ Vaquero, A.: *Fisiología del ejercicio.* Madrid: Editorial Médica Panamericana, 2023.

- McARDIE, W., KATCH, F., KATCH, V.: *Fundamentos de la fisiología del ejercicio.* Mc Graw Hill / Interamericana España, 2004.

Textos electrónicos, bases de datos y programas informáticos

- Agencia Española de Protección de Datos, de: <http://www.agpd.es>.
- Aplicación web Polar, de: <http://www.polar.com>.
- *Software* y *hardware* de Chronojump Bosco System, de: <https://chronojump.org/es/>.
- Descarga de aplicaciones Gnome Fitness y Sport Tracks 3.1., de: <http://www.softonic.com>
- Organización Mundial de la Salud, de: <http://www.who.int/es/>.